民族魂

学生成长励志故事读本

取义成仁故事

陈志宏◎编著

延边大学出版社

· 延吉 ·

图书在版编目（CIP）数据

取义成仁故事 / 陈志宏著 . —延吉 : 延边大学出版社 , 2013.3（2024.1 重印）

ISBN 978-7-5634-5406-8

Ⅰ . ①取… Ⅱ . ①陈… Ⅲ . ①品德教育—中国—青年读物 ②品德教育—中国—少年读物 Ⅳ . ① D432.62

中国版本图书馆 CIP 数据核字 (2013) 第 049229 号

取义成仁故事

主编：陈志宏
责编：郭玉玲
封面设计：映像视觉
出版发行：延边大学出版社
社址：吉林省延吉市公园路 977 号 邮编：133002
电话：0433-2732435 传真：0433-2732434
网址：http://www.ydcbs.com
印刷：天津市天玺印务有限公司
开本：155×220 毫米 1/16
印张：8
字数：50 千字
版次：2013 年 03 月第 1 版
印次：2024 年 01 月第 4 次印刷
书号：ISBN 978-7-5634-5406-8
定价：38.00 元

民族魂，是一个民族的精髓，体现了一种民族的精神，是民族存在的精神支柱。

说起民族的精神，人们通常都会想到爱国主义。从古代的屈原、岳飞，到近代为保卫祖国领土完整的人民英雄；从古代的发明家张衡、毕昇，到今天为祖国的建设事业贡献力量的科学家；从古代的李白、杜甫，到今天为民族文学艺术的提高而不懈奋斗的文学家……在他们身上，都体现出一种广义的爱国主义和爱国精神。

爱国主义是一种伟大的民族精神，也是中华民族的传统美德，与我们祖国上下五千年的历史一样源远流长。作为一种巨大的精神力量，它对中华民族的历史发展与进步产生了重大的影响。

在我国古代历史上，不仅出现过许多杰出的政治家、军事家、思想家、文学家、科学家、艺术家，还出现过一大批忧国忧民、鞠躬尽瘁的仁人志士和抗击外敌、抵御入侵的民族英雄。他们或开发和改造祖国的河山，创造灿烂的中华文明；或英勇反击民族压迫和外来侵略，捍卫国家的主权和民族的尊严；或坚决反对民族分裂，维护国家的统一和民族的团结；或顺应历史潮流，积极改革弊政，励精图治，治国安邦，施利于民……他们从不同的侧面体现了中华民族的爱国主义精神，谱写了爱国主义的壮丽诗篇，铸造了中华民族坚不可摧的"民族

之魂"。

人们之所以将爱国主义精神作为中华民族精神的主要特征，是因为19世纪以来的中华民族饱受外来民族的欺凌、压迫和剥削，从而需要以爱国主义来凝聚人心、努力奋斗，从而获得民族的解放。

翻开中国近代史册，最触目惊心的是一场场的战争、一件件的国耻。深重的民族灾难，撞击着每一个爱国者的心。帝国主义列强发动了第一次鸦片战争、第二次鸦片战争、中法战争、中日甲午战争、八国联军之役等大小100多次战争。每一次战争，都以强迫清政府签订不平等条约而结束。

面对亡国灭种的威胁，华夏大地的炎黄子孙们掀起了波澜壮阔的爱国热潮，创造了光照千秋的爱国主义业绩。中华民族所散发出来的民族精神，无论在深度和广度上都是前无古人的。无数民族英雄、志士仁人，在救国图存、振兴中华的斗争中所表现出来的爱国精神，既是对中华民族古代爱国主义传统的继承与发扬，又具有鲜明的时代特征。

除了爱国主义之外，勤劳、勇敢、诚信、团结、知礼、尊贤、节俭、敬业，热爱和平、不屈不挠、自强不息、励精图治、开拓创新等，也都是中华民族的精神精髓，是中华民族灵魂的具体表现。在五千年的历史中，我们的先辈在这片土地上，以这种高尚的品行和美德不

断地开辟，才有了如今屹立于世界民族之林的东方强国。作为一个有着漫长历史的积淀与升华的民族，伟大的民族精神早已烙刻在了我们每个人的灵魂深处，与我们的血肉融合在一起。

青少年是国家的希望，也是民族不断发展和延续的根本。总有一天，我们的民族精神、我们祖国的这片神奇的土地要传到当代青少年手中。从这个意义上来说，我们民族精神的生机与活力，我们祖国的命运与前途，也掌握在青少年的手中。因此，青少年的爱国主义教育和励志图强教育也就显得更加重要。为了增强和提升国民教育，尤其是青少年的爱国主义精神、民族精魂志向，我们精心编写了本套丛书——《民族魂——学生成长励志故事读本》丛书。

民族魂
学生成长励志故事读本

前 言

本套丛书将有史以来体现民族精神和民族灵魂的典型事迹，以通俗易懂的故事形式娓娓道来，非常适合青少年的阅读水平和欣赏口味。书中提供了古往今来多个典型人物和事件典范，展现出的人物也涉及社会的各个层面，有利于青少年立心、立志、爱国、进取，从而全方位地领悟中华民族的精神、灵魂之所在。

在本套丛书中，为帮助读者更好地理解和学习这些源远流长的美好精神，我们还在每一篇故事后面给出了"心灵物语"，旨在令故事更加结合现代社会，结合我们自身的道德发展，提高我们的民族爱国精神，并由此

而引发读者进一步的思考。

深刻的哲理人生，表现了博大精深的文化；精彩的人物事迹，道出了励精图治的典范；历代的爱国故事，喻出了民族精神的深意；高尚的品德展现，浓缩了上下五千年的灿烂文明……我们希望，青少年朋友们通过阅读本套丛书，能够受到深刻的爱国主义教育，能够真正体会到中华民族的灵魂所在，同时更能够汲取精华，励精图治，为提升自己的个人素质、为祖国未来的建设和发展作出努力。

全套丛书分类编排，内容详尽，文字优美，风格独具，是广大读者，尤其是青少年爱国励志教育的优秀读物。我们相信，本套丛书一定可以成为青少年朋友们的良师益友。

　　"义"有"正"的涵义，古书《释名·释典艺》中提到："仗正道曰义。"古汉语中又有"与众共之曰义"，"比于人心而合于众适者曰义"，"除去天地之害曰义"，"明是非立可否曰义"……总之"至行过人"都可称为义。所以，近代辞书总结为："义，事之宜，正义，指思想和行为符合一定的标准。"我们现在称无私奉献的行为是为义举，为国捐躯为"就义"等等，都是基于以上概念。

　　义，从古至今都是中华民族的优秀品德，是中国人"修身，齐家，治国，平天下"的行为准则。"义"总是和"正"联系在一起，"义"以"正"为前提，如果没有"正"，"义"的涵义就可能变质；"义"和"仁"也密切相关，"义"的出发点是"仁"，即爱人，"义"的归宿也是"仁"，爱人。"成仁取义"是儒家思想的主要内容，也是中国历代志士仁人的追求。他们或舍生取义，或仗义执言，或仗义疏财，这些都是我们学习的榜样，也是今天我们应该继承发扬的美好品德。

　　时代不同了，"义"的涵义也有所变化。我们不提倡如"桃园三结义"中的刘备、关羽、张飞那样的"义"，把个人和小集团利益放在国家和人民之上。关羽为了义气，听不进不同意见，破坏吴蜀联盟，最终兵败被杀；张飞只讲兄弟之义却"暴虐卒伍"而被刺身亡；刘备为报关羽私义兴兵伐吴，败走白帝城，忧愤而死，从而使蜀国衰落。我们提倡国家大义、民族大义，提倡个人服从集体，小家服从国家。我们提倡急公好义，如汶川地震、玉树遭灾，全国人民踊跃捐款，主动做义工，一人有难，大家支援，一方有难，八方伸出援手。我们反对那些不讲原则的"义"和非正当的"义"，有的人为了"讲义气"而包庇坏人；有的人以"义"的名义结成团伙，危害人民、危害社会。这些不但不应提倡，还应该受到法律的严惩。

在社会主义市场经济中，树立正确的义利观，建设新形势下的和谐社会，讲义是必不可少的。我们提倡以义求利，反对唯利是图；我们提倡以义制利，反对因利为害。对中华民族来说，义是全体人民的公德。国家有义务保障人民的安全和幸福的生活，公民有义务维护国家的统一、稳定和从事国家建设。只要我们都尽到自己的大义，民族的崛起，国家的富强，指日可待。

在本书中，我们精心选编了一些体现"取义成仁"精神的故事，希望读者通过阅读此书，更深刻地理解它的内涵，从中受到启迪。在自己的日常生活和学习工作中，能够以他们为楷模，做一个有高尚品德的人，做一个有大义和正义的人，为祖国和谐社会的建设和发展做出自己的贡献。

目录
CONTENTS

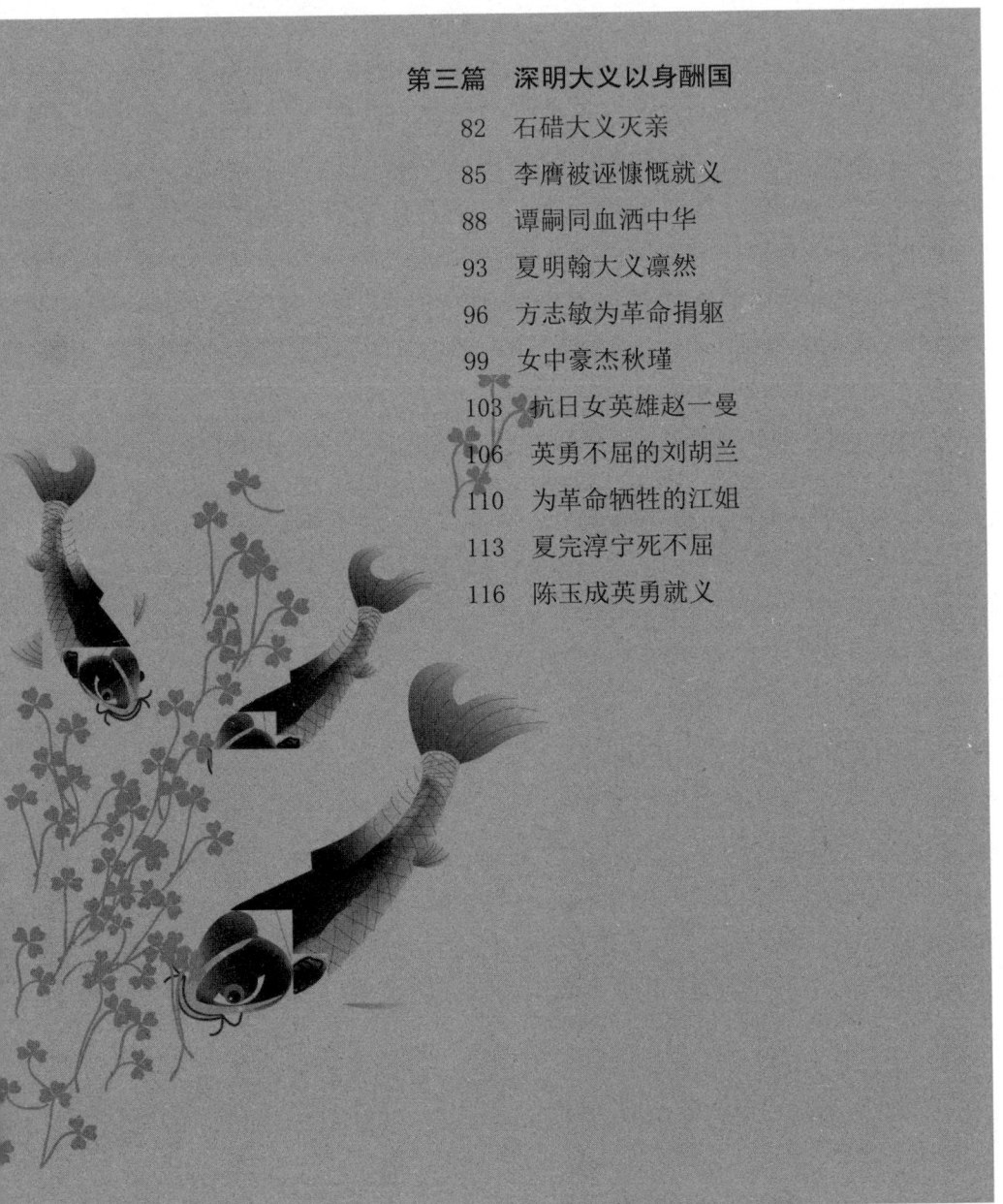

第一篇
以义报恩酬知己

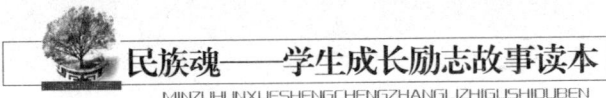
 # 豫让自残报知遇之恩

豫让（生卒年不详），春秋时期晋国人，是亚卿智伯的家臣。晋出公二十二年（前453年），赵、魏、韩共灭智氏。豫让用漆涂身，吞炭使哑，暗伏桥下，谋刺赵襄子未遂，后为赵襄子所捕。临死时，豫让求得赵襄子衣服，拔剑击斩其衣，以示为主报仇，然后伏剑自杀。

春秋后期，晋国的大权被范氏、中行氏、韩氏、魏氏、智氏、赵氏"六卿"所把持。豫让，是晋国大臣智伯的家臣。他最初是范氏的家臣，后来又做中行氏的家臣，都是默默无闻，怀才不遇。直到他做了智伯的家臣后，才受到重用，而且主臣之间的关系很密切，智伯对他也很尊重。

正在豫让境遇好转的时候，智伯进攻赵氏。赵氏家主赵襄子和韩、魏合谋将智伯灭掉了。消灭智伯以后，三家分割了智伯在晋国里的领地。赵襄子痛恨智伯，就把他的头盖骨做成饮酒用的器具。

智伯死后，豫让逃到山里，想到智伯平日里对自己的好，发誓要替智伯报仇，行刺赵襄子。

于是，豫让更名改姓，伪装成受过刑罚而残废的"刑人"，混入赵氏宫中修整厕所。他身上藏了一把匕首，等待机会行刺赵襄子。有一次，赵襄子去厕所，心里总觉得不得劲，拘问修整厕所的人，才知道是豫让。豫让衣服里面还藏着利刃，于是被赵襄子逮捕了。豫让被审问时，直言不讳地说："我要为智伯报仇！"当侍卫要杀掉他时，赵襄子说："他是义士，我谨慎小心地回避就是了。况且智伯死后没有继承人，而他的家臣却一心想替他报仇，豫让也是天下的贤士啊。"最后还是把他放走了。

过了不久，豫让为便于行事，顺利报仇，不惜把漆涂在身上，使皮肤溃烂长疮，吞下炭火使自己的声音变得嘶哑。他乔装打扮沿街讨饭。就连他的妻子也不认识他了。

豫让的朋友对他说："你可以先去侍奉赵襄子，然后找机会刺杀他，那不是很容易吗？何苦把自己的身体残害成这个样子，这样做也太过分了。"豫让回答："照你的说法去做，先做赵襄子的臣子，然后再刺杀他，这不成了侍奉君主而又怀有二心吗？我之所以把身体残害成这个样子，就是为了使今后对君主怀有二心的人感到惭愧！"

豫让摸准了赵襄子出来的时间和路线，在赵襄子外出的一天，提前埋伏于一座桥下。赵襄子过桥的时候，马突然受惊，猜到有人行刺，很可能又是豫让。手下人去打探，果然是他。赵襄子责问豫让："你不是曾经侍奉过范氏、中行氏吗？智伯把他们都消灭了，而你不替他们报仇，反而托身为智伯的家臣。如今智伯已经死了，你为什么单单如此急切地为他报仇呢？"豫让说："我侍奉范氏、中行氏，他们都把我当做一般人看待，所以我像一般人那样报答他们。至于智伯，他把我当作国士看待，所以我就像国士那样报答他。"

赵襄子很受感动："豫让先生，你为智伯报仇，已经名扬四海；而我赦免你的死罪，也有过一次了。你一意孤行，我这次再不能赦免你了。"就下令让兵士把他围住。豫让知道生还无望，无法完成刺杀赵襄子的誓愿了，便向赵襄子请求："臣听说贤明的君主不掩盖他人的美德，而忠臣有为君主效死的道义。前些时候，君主已经宽大为怀，赦免了臣下的死罪。你这样做，天下的人都称赞你是一位贤明的君主。今天发生这件事，臣下甘愿伏法。可是我还有最后一个请求，请你把身上的衣服脱下

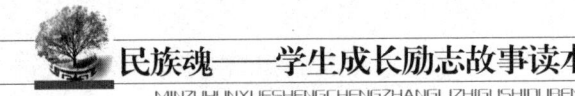
来，允许我击打几下，用来完成我为智伯报仇的心愿。能够这样，我就是死了也没有什么遗憾的了。我不敢指望你能答应我，但这确实是我心中最后的愿望了！"赵襄子满足了他这个要求，派人拿着自己的衣裳给豫让，豫让拔出宝剑连刺数剑，仰天大呼："我终于可以报答智伯了！"遂拔剑自杀。

豫让的事迹传开，各地的志士仁人无不为他的精神所感动，为他悲泣。

■心灵物语

豫让行刺赵襄子，舍死忘生、备尝艰辛，虽未成功，却用生命报答了智伯的知遇之恩。豫让虽是一个不成功的刺客，但失败的过程却成就了他的人格。他为知己献身的精神令人敬佩不已。

■史海钩沉

晋阳之战

中国春秋、战国之际，晋国日益强大的卿大夫，经过兼并，剩下赵、魏、韩、智四大贵族集团。实力最强、独专国政的智伯，逼韩康子、魏桓子割让大片领地后，又向赵襄子索地，被拒绝，乃于周贞定王十四年（前455年），胁迫韩、魏共同发兵攻赵。赵襄子自知寡不敌众，采纳谋臣张孟谈的建议，选择民心向赵并已有准备的晋阳（今太原西南）固守。智伯率联军攻打晋阳三个月，没有成功，又围困一年多没成功。到周贞定王十六年，智伯引汾水灌城，城内军民搭建窝棚住，病饿交加，十分危急。赵襄子利用韩、魏与智伯的矛盾，派张孟谈乘夜潜出城外，密见韩、魏大夫，以唇亡齿寒的道理说服韩、魏倒戈。在约定的一个夜间，赵襄子派人杀智伯守堤官兵，掘堤放水，倒灌智伯军营。智氏军从梦中惊醒，乱作一团。赵军乘势出击，韩、魏军自两翼夹攻，擒杀智伯，其军逃散。后赵、魏、韩灭智氏，瓜分其领地，逐渐形成"三家分晋"的局面。

□ 文苑荟萃

豫让桥

　　据传有两处，其一在晋祠北一里处，因邻赤桥村，村以桥得名，豫让桥又被称为赤桥；其二在河北邢台市区内。《邢台县志》详细记载了豫让的事迹，豫让桥也因此成为邢台的名胜而远近闻名。明万历十八年，邢台县知事朱诰修建了豫让祠，把豫让作为乡贤，四时祭祀，文人墨客经常吟诵豫让的故事。唐朝诗人胡曾有《咏史诗·豫让桥》："豫让酬恩岁已深，高名不朽到如今。年年桥上行人过，谁有当时国士心。"清代诗人陈维崧路经邢州时写了一首《南乡子》，道："秋色冷并刀，一派酸风卷怒涛。并马三河年少客，粗豪，皂栎林中醉射雕。残酒忆荆高，燕赵悲歌事未消。忆昨车声寒易水，今朝，慷慨还过豫让桥。"可惜的是，"豫让桥"在抗日战争期间被破坏，桥边记载豫让事迹的石碑也在重修京广公路时做了桥洞基石。

樊哙闯宴救刘邦

> 樊哙（？—前189年），沛县（今江苏省沛县）人，西汉开国元勋，大将军，左丞相，著名军事统帅，樊哙是吕后的妹夫，深得汉高祖刘邦和吕后信任，后随刘邦平定臧荼、卢绾、陈豨、韩信等，是大汉名将。

刘邦项羽在推翻秦王朝后，为争夺天下而展开了一场震烁古今的较量，由此也拉开了激烈而漫长的"楚汉相争"的序幕。

当时，项羽拥兵40万，而刘邦却只有10万兵将。在军事力量的对比上，项羽明显处于绝对优势，刘邦处于绝对劣势。然而曹无伤告密，说刘邦在关中要称王，项羽勃然大怒，在鸿门大设宴席，要除掉刘邦以绝后患。宴会上，范增命项庄以舞剑为名，把沛公杀死在座位上。此时，曾经受恩于张良、与刘邦"约为婚姻"的项伯为了保护刘邦也拔剑起舞。一时间，宴会上刀光剑影，杀机暗藏。刘邦的谋士张良看在眼里，急在心上，急忙寻求外援，关键时刻，樊哙挺身而出。

樊哙是徐州沛县人，原本以屠狗为业，后来跟随刘邦反秦，屡建战功，又是刘邦的亲戚。所以樊哙与刘邦既有君臣之义，又有亲戚之情。鸿门宴上，樊哙是刘邦的参乘，他的责任是保护刘邦，但没有与会的资格。当他从张良处得知"项庄拔剑舞，其意常在沛公"，便不假思索地说："情况十分危急，我请求到宴会上去，和沛公同生共死！"

紧急形势下的奋不顾身显出他的耿耿忠心。樊哙握剑持盾闯入军中，不顾戒备森严、刀剑如林，义无反顾，勇往直前，侧盾冲撞，直闯宴会，完全是一副"拼命三郎"的姿态。他恶狠狠地瞪着项羽，头发都直立起来，眼睛睁得好像要裂开一样，霸气十足，威震全场。樊哙的气势也转移了全场的注意力，中止了项庄舞剑，杀机四伏的紧张气氛骤然扭转。

项羽对擅自闯进宴会的樊哙不仅不怒，反而被他的勇猛刚烈、霸气逼人之势所震慑，一再称赞其为"壮士"，还两次赐酒，一次赏猪肉。

樊哙喝酒壮胆，吃肉壮志，把握时机，借酒发挥，慷慨陈词。虽列举的都是秦的暴政，却在暗示项羽想杀刘邦的行为与暴秦没什么区别。接下来又极尽夸张之词恭维项羽，使项王怒气全消。樊哙慷慨陈词，说得理直气壮、豪壮威严。樊哙时而旁敲侧击，时而暗含讥讽，时而攻人心肺，时而推心置腹，欲扬先抑，一切都是水到渠成。樊哙的话句句在理，字字中的，实则是帮着刘邦圆了一个弥天大谎，虽然他的一番高谈阔论与刘邦所表达的意思相差无几，但要比刘邦尖锐得多。只因樊哙发挥了他高超的论辩技巧，机敏的反应能力，与刘邦一前一后各唱了一出主旨相同、配合默契、欺骗项羽的戏，最终使项王对他优礼有加，赐樊哙坐。

至此，鸿门宴上剑拔弩张的气氛进一步缓和，项羽心中的怒火已灭，继而放松了警惕，刘邦也趁机大松了一口气。但此时杀机仍未彻底解除，刘邦果断地找借口离开了宴席，樊哙、张良也跟了出去。

刘邦离席之后，与群臣紧急谋划脱身的计策，而作为项王的"座上宾"，刘邦如果私自离去，既不符合主客之礼，又有再次激怒项王的可能，故犹豫不决。樊哙审时度势，指出危机只是暂时解除，沛公还身处"鱼肉"地位，趁项王未改变主意前抓住机会脱逃，此时不走，更待何时。在权衡利弊之后，他向沛公建议，"大行不顾细谨，大礼不辞小让"，完全符合他出身乡野的个性与处世风格。于是刘邦听从他的建议，决定离去，留下张良辞谢。此时，项王军营之外，刘邦舍弃车骑，带领随从抄小路回到了自己的军营。

惊心动魄的鸿门宴以项王放虎归山，而刘邦化险为夷为结局。这一切与樊哙的心急如焚闯军帐、舍生忘死救沛公、机智巧妙对项王密切相关。

■心灵物语

樊哙虽为一介武夫，但在鸿门宴上充分发挥了他有勇有谋、彪悍机智的一面，为救沛公奋不顾身，舍生忘死，实在是一名真正的义士！

■史海钩沉

垓下之战

楚汉相争，汉军适时发起战略追击，积极调集援兵，多路围攻，以绝对优势兵力全歼楚军，创造了中国古代大规模追击战的成功战例。垓下之战，是楚汉相争中决定性的战役，既是楚汉相争的终结点，又是汉王朝繁荣强盛的起点，更是中国历史上具有里程碑意义的转折点。它结束了秦末混战的局面，统一了中国，奠定了汉王朝四百年基业。因其规模空前，影响深远，被列为世界著名古代七大战役之一，有"东方的滑铁卢"之誉。

■文苑荟萃

鸿门宴遗址

鸿门宴遗址位于陕西省西安市临潼区新丰镇鸿门堡村，距秦兵马俑博物馆2.5公里，是骊山风景中最北的旅游点。它南依骊山，北临渭河，地处潼关通长安之要道，遗址前横着一公里长的峭塬，中间像刀劈似的断为两半，南北洞开，犹如城门，鸿门因此而得名。现存遗址用青砖砌成，十米高的旗杆上飘扬着杏黄色的帅旗，台子北面建了一座蒙古包似的军帐，门口高挂"楚高军旗"，帐内模拟当时的宴会场面，军帐用玻璃钢制成，里面塑有"项庄舞剑、樊哙闯帐、沛公逃席、范增长叹"等场面，将鸿门宴的紧张气氛表现得淋漓尽致。

奶娘挡箭护幼主

> 秦王嬴政（前259—前210年），秦庄襄王之子，战国末期秦国君主，后来成为秦朝第一任皇帝。战国末年，秦国实力最强，已具备统一东方六国的条件。嬴政初即位时，国政为相邦吕不韦所把持。公元前238年，他亲理国事，免除吕不韦的相职，并任用尉缭、李斯等人。自公元前230年至前221年，嬴政先后灭韩、赵、魏、楚、燕、齐六国，终于建立了中国历史上第一个统一的、多民族的、专制主义中央集权制国家——秦朝。

战国末年，各诸侯国间你争我夺，烽烟四起，国破家亡、妻离子散的愁云惨雾笼罩着大地。日益强盛的秦国不断向邻近的小国发动进攻，野心勃勃的秦王先派大将攻打最弱小的魏国。魏国的首都大梁很快陷入秦军的包围，魏王的统治很快便在秦军如狼似虎的杀声中结束了。

秦军占领王宫后，大开杀戒。顷刻间，昔日繁华热闹的王宫血流如注，数百条生命很快变成无知无觉的陈尸。

"缺少一个公子！"核对人数的士兵向秦将报告。

"立刻告示全国，悬赏捉拿魏公子，捉到者赏黄金千两；如敢隐匿，全家抄斩！"秦将大声命令。

原来，在秦军杀进城时，小公子的奶娘见秦军来势凶猛，知道魏王一家凶多吉少，急忙抱着小公子从角门逃出了王宫。

魏公子的这位奶娘原是一位贫家妇女，早年被魏王召入宫中做小公

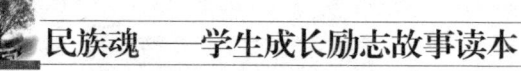

子的奶娘。她为人善良，平时对待公子如同自己的骨肉一样无微不至。

奶娘带着公子逃到了乡下，改名换姓，住进了农家，期望避过秦军的追杀。

天有不测风云，一天，奶娘到街上买东西，不幸被原魏王宫的官吏认出。

"老人家，近来身体还好吧！"官吏不怀好意地笑着说。

"我还可以，只可惜魏王一家，太惨了！"奶娘十分伤心。

"听说有一位公子被人抱走了，秦军正悬赏捉拿呢，如果能抓到魏公子，赏黄金千两啊！"官吏听奶娘提起魏王，满脸贪婪地试探说。

"唉，当时我只顾逃命，哪知道公子们的事。"奶娘发现这个官吏卖主求荣的企图，连忙搪塞。

"不可能吧，你是小公子的奶娘，怎么会不知道呢？老人家，隐匿小公子的人可是要全家抄斩的，你何必自讨苦吃？"官吏软硬兼施。

"不知道就是不知道，你走吧！"奶娘非常气愤，转头就走。

"不要急，魏国已经完了，你何必犯杀头之罪呢，不如我们……"

"见利忘义是大逆不道、贪生怕死的小人行为，我不会做这种缺德事的。作为公子的奶娘，我愿用自己的生命来保护他。"奶娘义正词严。

官吏无奈，灰溜溜地走了。

奶娘急忙赶回家中，她知道那个官吏不会轻易放过他们，忙告别农民夫妇，抱上公子向山上逃去。

得知魏公子的下落，秦军如获至宝，即刻派兵去追。可到农家一看，奶娘和公子已经逃走了，他们又向山里追去。

"快，快射箭，他们就在前面！"远远地，秦军发现了踉跄奔跑着的奶娘和公子。

奶娘听到后面的喊声，急忙用身体护住公子。转眼间，几十支利箭射在了奶娘身上，公子也多处中箭。奶娘无力地摇晃，痛苦地倒下了，手里仍紧紧地拉着浑身鲜血、奄奄一息的公子……

看到二人惨死的情景，残暴的秦王也为奶娘的忠义感动了，下令厚葬奶娘和公子，并为她修建了祠庙。

□心灵物语

古往今来，卖友求荣、见利忘义这种大逆不道的事屡见不鲜，可也不乏舍生取义之人。魏公子的奶娘，虽是一介布衣，一个下人，但在危难时刻，竭尽全力保护年幼的魏公子免受迫害，最后为公子挡箭，虽未能救下公子的命，但其精神令世人感叹敬佩。

□史海钩沉

远交近攻

公元前270年，秦相范雎向秦王提出远交近攻的策略。他指出，秦国要向东发展，首先要攻韩国、魏国。攻韩，先要攻荥阳（今河南荥阳东北）；攻魏，先要攻邢丘（今河南温县）。秦王根据范雎远交近攻的策略，一面积极进行外交活动，破坏六国的合纵；一面加紧军事进攻。公元前256年，秦将摎攻西周，西周君被迫降秦，西周亡。从此中国史家开始用秦王年号纪年。公元前249年，秦将蒙恬攻灭东周。接着攻韩，占领成皋（今河南荥阳泛水镇）、荥阳，设三川郡（今河南洛阳）。后又在几年内攻占韩国河东大片土地，设太原（今山西太原西南）、上党（今山西长治西南）两郡。公元前244年开始攻魏，秦将蒙骜先后攻占魏地有诡、酸枣（今河南延津西南）、燕（今河南延津东北）、桃人（今河南长垣西北）、雍丘（今河南杞县）等20城，设东郡。

□文苑荟萃

大　梁

大梁是战国时魏（梁）国都城，当时中国最大都市之一。在今河南省开封市西北。魏惠王三十一年（公元前339年，一说魏惠王五年或六年），魏都自安邑（今山西夏县北）迁此。秦始皇二十二年（公元前225年），王贲攻魏，决黄河及大沟水灌大梁，城毁魏降。

 # 吉平为义撞阶献身

> 吉平是明代罗贯中所著小说《三国演义》中的人物，本名吉太，字称平，为汉朝的太医。董承受献帝衣带诏，与吉平等人共谋，欲杀曹操，吉平本欲趁为曹操治病之际投毒杀之，但却因机事不密而被曹操得知，吉平被擒并被施以酷刑，最终不屈自尽，成为小说中"忠义"的典型代表。据考，小说中吉平的历史原型为东汉末年太医令吉本。

在小说《三国演义》中，吉平是三国时期著名的医生，虽然没有功名，但却经常为朝廷高层人士治病，对于整个上层社会比一般平民更多几分了解，自然也会根据自己的价值观形成是非观念，从而确定自己的人生信念。

当时曹操挟天子而令诸侯，权倾朝野，许田射鹿，公然迎受天子之礼，对皇帝的藐视已到极点，野心昭于天下。皇帝就是再无能，心中也不免愤慨，一怒之下写了衣带诏交与国舅董承，希望他想办法除掉曹操。董承对皇帝绝对是一心一意，只可惜他有心无力，虽然联系了一干人，还是根本不能与曹操抗衡，谋曹只是奢谈。董承为此事心力交瘁，忧心如焚，身染重病，皇帝派吉平去给国舅看病。

当时正值元宵夜，国舅留吉平共饮，或许因为酒力，或许因为疾病，董承竟困倦而眠，并在梦中泄露了谋曹之事。吉平闻知此事，告诉

惊慌失措的董承，自己哪怕被灭掉九族，也愿帮一些忙。董承被吉平的话感动，告诉了吉平生病的真实原因，是因为想不出杀曹操的对策。吉平凭借自己对曹操的了解，凭借自己的医生身份，担下了这个重任，想乘曹操头风发作之时下手，用毒药除掉曹操。

哪知吉平咬指发誓要除掉曹操一事被秦庆童得知，秦庆童曾因与董承小妾私语而被董承责打，怀恨在心。为报复董承，就将刺曹一事告知了曹操。曹操知道此事后，将计就计，谎称自己头风病发作，骗吉平来医治。吉平自以为得到时机，在给曹操治病时，在药里下毒，被曹操识破。吉平知道曹操怀疑，就想把毒药强灌入曹操口中，一定要杀死曹操。吉平的想法没有实现，当即被曹操捉住，但这一行为却表现出了他的勇敢。他并不是只敢暗算的小人，而是个真正的英雄。

曹操严刑逼供，想从吉平口中得到线索，顺藤摸瓜拿下所有参与谋害他的人。曹操对吉平百般施刑，把吉平打得死去活来，最后还斩去了他的全部手指。然而，面对酷刑，吉平一身铁骨，被截去手指，依然"有口可以吞贼，有舌可以骂贼"，最后撞阶而死，宁死不屈，为义献身！

□心灵物语

吉平能够为了国家而献出自己的血肉之躯，医时医国，就算翻遍医史，也只怕再没有第二个了！

□史海钩沉

煮酒论英雄

这一段故事发生在曹操在白门楼斩杀吕布后，带着刘关张三人回到许昌。刘备说自己是中山靖王之后、孝景皇帝阁下玄孙，献帝和刘备论上了亲戚，并称刘备为皇叔。谋臣劝说曹操早日杀掉刘备，免得刘备日后势力过大，曹操嘴上说："这一切都在我的掌握之中，我有什么怕的？"实则还

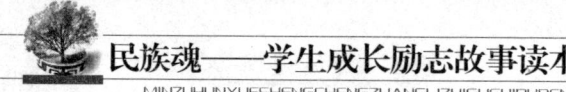
是有所顾虑，刘备的仁义天下都知道，而关羽、张飞都是虎狼之将，于是就有了曹操对刘备的考验。

有一天，风云变化，天外龙挂，用现在的话说，刮起了龙卷风。于是曹操指天为题，以龙的变化、升隐来暗指英雄的行为，这正指刘备的痛处。刘备担心曹操把他当做对手，怕曹操把他当做英雄。如果那样，别说实现自己的政治报复，连人头都会不保。于是在曹操追问他天下英雄时，他假装糊涂，处处设防，甚至用一些不成器人物来搪塞，比如袁绍、袁术、刘表等。以刘备的胸怀，这些碌碌无用之人，又怎么能入他的眼睛？而这些搪塞之语都被曹操一一驳回，针针见血。说："天下的英雄豪杰，也就只有你刘备和我曹操了。"一言而石破天惊，枭雄刘备也变了颜色，匙箸落于地。能看透刘备胸怀，天下无二人。

■文苑荟萃

麻沸散

麻沸散是世界最早的麻醉剂，是华佗创制的用于外科手术的麻醉药。《后汉书·华佗传》载："若疾发结于内，针药所不能及者，乃令先以酒服麻沸散，既醉无所觉，因刳破腹背，抽割积聚（肿块）。"华佗所创麻沸散的处方后来失传。传说系由曼陀罗花一斤，生草乌、香白芷、当归、川芎各四钱，南天星一钱，共六味药组成；另一说由羊踯躅三钱、茉莉花根一钱、当归一两、菖蒲三分组成。据后人考证，这些都不是华佗的原始处方。

 # 聂政为知己复仇

> 聂政（？—前397年），战国时侠客，韩国轵（今河南省济源市东南）人，以任侠著称，为战国时期四大刺客之一。

聂政是战国时魏国轵（今河南济源东南）人，以侠义著称，为战国时期四大刺客之一。他为人粗放豪爽，很讲义气，因为除害杀死了人，被迫带着母亲逃到齐国。

在当时的韩国，有个叫严仲子的卿士，与宰相侠累发生了一些矛盾，恐怕遭到杀害，也逃到齐国。在齐国，严仲子四处寻访刺客，积蓄力量，准备报仇。一日，有人告诉他，隐居在齐国的聂政是一名勇士，为人仗义，肯为朋友两肋插刀。严仲子听说后，就到聂政家去拜访，但去了几次，都没好意思提出自己的请求。

此后，严仲子经常到聂政那里去，慢慢地两个人就熟了。聂政觉得严仲子为人豪爽，又讲义气，很乐意与他交往。一天，严仲子带着一百两黄金来到聂政家，他把金子放到桌上，然后说："聂兄家里困难，这份薄礼就算我孝敬你家老母，请收下。"

聂政受宠若惊，忙说："使不得，使不得，我和你萍水相逢，怎能接受如此厚重的礼物。"

严仲子抓住他的手，非让他收下不可。聂政说："我虽然家贫，但还凭借屠夫这个行当多少能挣一点钱，还养得起母亲。况且母亲平时对我要求很严，这些平白无故而来的钱，无论如何她是不会让我要的。您虽然感到无所谓，可我无功受惠，心里总是不踏实。"

这时严仲子让左右的人退下，说："我喜欢那些孝义高行、性情豪放的人。因此云游各国，到处结交一些侠士。我早就听说过您的大名，所以前来拜访。这点小礼，只是为了资助您的衣食之用，没有别的意思。再说，我有仇人，以后还可能需要您帮忙。"聂政终于明白了严仲子的意思，答道："我现在还要供养母亲，有老母亲在世，我不敢轻易以身许人。"严仲子一看没办法，只得辞谢而去。

不久，聂政的母亲因病去世了，聂政为母守孝三年。除孝之后，聂政来见严仲子说："过去因为要侍奉老母，没敢轻易答应您所求之事。现在母亲过世了，您有什么仇要报，就请吩咐吧。"

严仲子看到聂政不请自来，很受感动，就说："我的仇人就是韩国宰相侠累。他是韩王的叔父，平时护卫众多，防范很严。我虽然多次派人刺杀，但都未能得手。今日蒙聂兄不弃，主动来帮忙，我一定多派一些人帮助你。"

聂政连忙辞谢说："我们要刺杀的是韩国的宰相，并且他还是韩王的叔父，这样看来用人不宜过多。人太多，容易被抓住，事情肯定要暴露。如果那样，韩国国君就会把你当成仇人，动用全国的兵力来攻打你。"说完就独自一个人出发了。

到了韩国，聂政一个人偷偷混进相府，趁人不注意，把侠累一剑捅死了。听到宰相的惨叫声，府内一片大乱，卫士们纷纷围上来。聂政左冲右突，看到自己实在跑不出去，又怕连累和自己相貌相似的姐姐聂嫈，就先把自己的面目毁坏，然后剖腹自杀了。

韩王听说自己的叔父被刺，感到很气愤，下令仔细追查。可聂政把自己的面目毁坏，实在无法辨认，国君一点线索也没查到。

聂政死后，韩王把他曝尸街头，悬赏能够辨认尸体的人。其姐聂荌听说了这个消息，马上说："这个人一定是聂政。韩相的仇人严仲子用国士的礼遇对待聂政，聂政一定会报他的知遇之恩，我应该前去认尸。"于是聂荌就动身去了韩国，果然那尸体就是聂政。聂荌趴在尸体上痛哭不已，路上有好心人上前劝道："这是刺杀韩相的凶手，韩王正在悬赏千金来求他的名字，你不躲避，怎么还敢来辨认呢？"聂荌回答说："我知道。但是聂政蒙受屈辱，隐名埋姓，全都是因为老母亲在世，我还没有出嫁。严仲子在屠市认出了聂政，放下身段与他结交，这么深的知遇之恩怎么能够不报！士为知己者死，聂政是因为我还活着，怕被人认出而牵累我，才自毁面容的。但是我又怎么能怕受牵连，而让他的英名埋没呢？"

话刚说完，聂荌长呼三声"天"，因悲伤过度、心力交瘁，死在聂政的尸体旁。

□心灵物语

聂政母亲在世，他不能以身许人，是孝；母亲死后，他为朋友两肋插刀，不惜毁容自杀，是义。而他的姐姐聂荌，为了不让聂政的英名埋没而上前认尸，两姐弟"士为知己者死"的精神实在令人感动。

□史海钩沉

冶铁术

我国是世界上最早掌握冶铁的国家之一，利用水力鼓风冶铁比欧洲早一千多年。早在战国时期，我国就掌握了高温液体还原法的生铁冶铸技术，能锻打出用于剑身的高碳钢，铸铁柔化术开始出现。

博陵王宫侠曲（二首之二）

（晋）张 华

雄儿任气侠，声盖少年场。　借友行报怨，杀人租市旁。

吴刀鸣手中，利剑严秋霜。　腰间叉素戟，手持白头镶。

腾超如激电，回旋如流光。　奋斗当手决，交尸自纵横。

宁为殇鬼雄，义不入圜墙。　生从命子游，死闻侠骨香。

身没心不惩，勇气加四方。

 # 荀巨伯义退胡兵

汉桓帝刘志（132—168年），东汉第十位皇帝（146—167年在位），汉章帝的曾孙，在位21年。登基时，刘志虽然只有15岁，但已经继承了其父刘翼蠡吾侯的封爵。梁太后想把自己的妹妹梁莹嫁给他，于是宣他进殿相亲，正好赶上汉质帝被毒死。梁冀就想不如顺势立他为帝，亲上加亲，朝政便可完全掌握在梁家手中了。曹腾探知此意，连夜赶到梁家劝说梁冀立刘志，梁冀深以为然。本初元年闰六月初七日，大将军梁冀持节以帝王的青盖车迎刘志进入南宫，当天，登基即位。桓帝年少，梁太后继续临朝执政。

荀巨伯，汉桓帝时颍川（今河南登封、宝丰以东一带）人。这年冬天，荀巨伯冒着严寒从远道来探视病危的朋友，不巧赶上胡兵进犯郡城。

荀巨伯远远望见城门大开，乱糟糟的人群从城里涌出来。一时间，哭天嚎地，甚是凄惨。

荀巨伯愣愣地站在那里，一位匆匆走过来的老人说："兄弟，还不快逃命呢，胡人就要进城了！"荀巨伯谢过老人，穿过人群，拼命往城里挤。

当他赶到友人家里，见友人躺在床上，紧闭着双眼。巨伯在友人身边坐下来，不停地呼唤着他的名字。好一会儿，友人才睁开眼睛，见是荀巨伯，颤动着嘴唇说："可把你……盼来了，这不是……梦吧！"说着，二人同时落下泪来。

荀巨伯劝慰了一会儿，友人忽然神色不安地说："你来得太……不

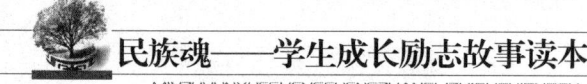
是时候了，胡兵就……要进城了，能看上你一眼就……够了，你快走吧！"说完，闭上眼睛，不再言语了。而荀巨伯却想：我来得太是时候了……

突然，城外传来了喊杀声，由远而近。友人惊恐地睁开眼睛，颤声说："快，藏起来……"话音未落，几把雪亮的大刀同时对准了荀巨伯。好友吓得昏了过去。

"什么人？还胆敢留在这里！"胡兵怒吼着。

荀巨伯镇静地说："远道而来的中原人，来探望病危的朋友！"

"人都跑光了，难道你就不怕死吗？"

荀巨伯从容地答道："中原自古讲仁义。杀戮将死的人，为不仁；见人有难而逃离，为不义。料胡人亦是如此。今我愿舍生取义，望你们成全！请杀了我留下他吧！"说完，他闭上眼睛，等死。

"唰"的一声，几把大刀同时插入了刀鞘，胡兵感叹荀巨伯的义行，走出屋去。荀巨伯睁开了眼睛，扑向病友……

胡兵头领得知了这件事，感慨地说："看来，我们这些不仁不义的军队，是进犯了一个有道德的国度啊！"于是下令退兵。

荀巨伯义退胡兵，不仅救了友人，也救了全城百姓，人们交口称赞。

■心灵物语

中国自古就是个讲仁义的国家，荀巨伯对朋友有病相救、有难相帮，为朋友不惜性命、舍生取义的品德，值得后人学习！

■史海钩沉

党锢之祸

东汉桓帝、灵帝时，宦官专权，世家大族李膺等联结太学生抨击朝政。公元166年，宦官将李膺等逮捕，后虽释放，但终身不许做官。灵帝时，外戚解除党禁，欲诛灭宦官，事泄。宦官于169年将李膺等百余人下狱处死，并陆续囚禁、流放、处死数百人。后灵帝在宦官挟持下下令凡"党人"的门生故吏、父子兄弟，都免官禁锢。历史上称为"党锢之祸"。

□ 文苑荟萃

马踏飞燕

马踏飞燕是东汉时期雕塑艺术和铸铜工艺融为一体的杰出作品，在中国雕塑史上代表了东汉时期的最高艺术成就。铜马昂首，四蹄翻腾，马尾高扬，口张做嘶鸣状，以少见的"对侧快步"的步伐奔驰向前。其三足腾空，后右蹄踏在一只正在振翼奋飞的燕背上，燕顾首惊视，与之相呼应，奔马头微左顾，似乎也想弄清楚发生了什么事，而这一切尽在瞬间。由于马蹄之轻快，马鬃马尾之飘扬，恰似天马行空，以至飞燕不觉其重而惊其快，更增加了铜马凌空飞驰的气势。马体重落一足，小小飞燕承之而可平置，体现了设计者之独具匠心。马与燕的线条流畅，比例匀称，奔驰与飞翔的动态表现得淋漓尽致，生动体现了骏马奔驰与飞鸟争先的瞬间。该器堪称我国古代雕塑艺术史上神奇而稀有的瑰宝。

司马迁为友仗义执言

司马迁（前145或前135—？），字子长，西汉夏阳（今陕西韩城）人，中国古代伟大的史学家、思想家、文学家，被后人尊称为"史圣"。他最大的贡献是创作了中国第一部纪传体通史《史记》（原名《太史公书》）。

司马迁自10岁随父亲至京师长安，便向老博士伏生、大儒孔安国学习；司马迁家学渊源既深，又从名师受业，获益匪浅。这个时候，正是汉王朝国势强盛、经济繁荣、文化兴盛的时候，张骞奉使通西域，卫青、霍去病大破匈奴，汉武帝设立乐府……也是司马迁在京城里丰富见闻、热情迸发的时候。大约二十岁起，司马迁开始外出游历，在走遍大江南北后，回到长安，做了皇帝的近侍郎中。后来司马迁继承父业，做了太史令。这时，他有机会阅览汉朝宫廷所藏的一切图书、档案以及各种史料，他一边整理史料，一边参加改历。等到太初元年（前104年），司马迁将我国第一部历书《太初历》完成。

天汉二年（前99年），正当司马迁全身心地撰写《史记》之时，却遇上了飞来横祸，这就是李陵事件。

这年夏天，汉武帝派自己宠妃李夫人的哥哥、将军李广利领兵讨伐匈奴，另派李广的孙子、别将李陵随从李广利押运辎重。李陵带领步卒五千人出居延，孤军深入浚稽山，与单于遭遇。匈奴以八万骑兵围攻李陵。经过八昼夜的战斗，李陵斩杀了一万多匈奴兵，但由于他得不到主力部队的救援，最后矢尽粮绝，不幸被俘。李陵兵败的消息传到长安后，武帝本希望他能战死，后听说他投了降，愤怒万分。满朝文武官员察言观色，趋炎附势，几天前还纷纷称赞李陵的英勇，现在却附和汉武帝，指责李陵的罪过。

汉武帝询问太史令司马迁的看法，司马迁一方面安慰武帝，一方面尽力为李陵辩护。他认为李陵平时孝顺母亲，对朋友讲信义，对人谦虚礼让，对士兵有恩信，常常奋不顾身地急国家之所急，有国士的风范。司马迁痛恨那些只知道保全自己和家人的大臣，他们如今见李陵出兵不利，就一味地落井下石，夸大其罪名。他对汉武帝说："李陵只率领五千步兵，深入匈奴，孤军奋战，杀伤了许多敌人，立下了赫赫功劳。在救兵不至、矢尽粮绝、走投无路的情况下，仍然奋勇杀敌，就是古代名将也不过如此。李陵自己虽陷于失败之中，而他杀伤匈奴之多，也足以显赫于天下了。他之所以不死，而是投降了匈奴，一定是想寻找适当的机会再报答汉室。"

司马迁的意思是李广利没有尽到他的责任，他的直言触怒了汉武帝。汉武帝认为他是在为李陵辩护，讽刺劳师远征、战败而归的李广利，于是下令将司马迁打入大牢。

司马迁被关进监狱以后，案子落到了当时名声很臭的酷吏杜周手中。杜周严刑审讯司马迁，司马迁忍受了各种肉体和精神上的残酷折磨。面对酷吏，他始终不屈服，也不认罪。

不久，有传闻说李陵带匈奴兵攻打汉朝。汉武帝信以为真，便草率地处死了李陵的母亲、妻子和儿子。司马迁也因此事被判了死刑。据汉朝的刑法，死刑有两种减免办法：一是拿五十万金赎罪，二是受"宫刑"。司马迁官小家贫，当然拿不出这么多钱赎罪。宫刑既残酷地摧残人体和精神，也极大地侮辱人格。司马迁在狱中又备受凌辱，几乎断送了性命。但他还是顽强地活了下来，完成了巨作《史记》。

■心灵物语

司马迁坚定自己的信念为朋友仗义执言，痛恨那些奸佞之人，不惜触怒君主，最终遭受宫刑。这种为朋友可以承受如此大的侮辱的人是受人尊敬的、是令人敬佩的！

■史海钩沉

昭君出塞

公元前54年，匈奴呼韩邪单于被他哥哥郅支单于打败，南迁至长城外的光禄塞下，同西汉结好，约定"汉与匈奴为一家，勿得相诈相攻"。并三次进长安入朝，向汉元帝请求和亲。王昭君听说后请求出塞和亲。她到匈奴后，被封为"宁胡阏氏"（阏氏，音焉支，意思是"王后"），象征她将给匈奴带来和平、安宁和兴旺。后来呼韩邪单于在西汉的支持下控制了匈奴全境，从而使匈奴同汉朝和好达半个世纪。

■文苑荟萃

《史记》

《史记》是我国西汉著名史学家司马迁撰写的一部纪传体史书，是中国历史上第一部纪传体通史，被列为二十四史之首。该书是中国古代最著名的古典典籍之一，记载了上自上古传说中的黄帝时代，下至汉武帝元狩元年间共3000多年的历史。与后来的《汉书》《后汉书》《三国志》合称"前四史"。

 # 徐海东坚持正义救战友

徐海东（1900—1970年），新中国成立后中央军委认定的解放军36名军事家之一，尤其擅长游击战。他身经百战，功勋卓著，具有丰富的实战经验和高超的指挥艺术，毛泽东高度赞扬他是"对中国革命有大功的人"，是"工人阶级的一面旗帜"。1955年，徐海东被授予大将军衔。

1934年初，红二十八军新成立不久，国民党反动派进攻苏区的兵力又加强了。由于敌人反复"围剿"，搞"过梳子"战术，粮食都被敌人抢走了，人民群众生活非常困难，大别山区的皖西北几乎整村的人被饿死。偏偏在这个关键时刻，担任皖西北地委书记兼红二十八军副政委的郭述申又重病缠身，卧床难起。这时的党、政、军工作，全由红二十八军军长徐海东一个人承担。

当时，斗争局势险恶，红军几乎天天行军、转移，天天有战斗发生。不少人劝徐海东把郭述申留在地方上养病，以减轻军队负担，徐海东坚决不同意。他说："白色恐怖这么严重，哪里藏得了地委书记？敌人悬赏取他人头呐！"徐海东部署完党政军工作，又亲自组织医治郭述申的病，连每天抬担架的人选都亲自过问。郭述申十分感动，几次要求把自己安置在地方。徐海东却诚恳地说："留你在军中不是累赘，是主心骨哇！我还有事请示、汇报、商量啊！"在整个转战中，徐海东专门

给郭述申配了担架队，他挑选了10名体质好的红军战士和临时请的老百姓一起，负责郭述申的医疗、保卫和其他事务。每次宿营，徐海东必去探望，还亲手给郭述申搭席棚。

之后在长征的路上，郭述申担任二二四团政治处主任，团里没有政治委员，政治工作基本由郭述申承担。发生拐河战斗的当天，敌人来势汹汹，团里战斗力较弱，仓促上阵，团长张绍东又怯战。军长吴焕生发现后，同副军长徐海东紧急调兵，采取果断措施，带部队冲上去顶住了敌人，才避免了更大的伤亡。

长征到了独树镇，军保卫局长戴季英等人找徐海东，说在拐河战斗中发生军心动摇、队伍溃退的事，责任全由郭述申负，公然说郭述申是"反革命""第五党领袖"，要杀掉郭述申。耿直忠心的徐海东一听就火了，气愤地拍着桌子说："说郭述申同志是反革命，我们都是反革命！你们这些人，把老郭整得还不够吗？你们还想干什么？把忠臣良将都害死，不干共产主义了吗？那才叫真正的反革命哩！"

徐海东怕戴季英等一伙王明路线的忠实执行者不听他这个副军长的话，立即又去找政治委员程子华、军长吴焕生等。军领导一致同意徐海东的观点，才使团政治处主任郭述申幸免于难。

■心灵物语

在革命战争年代，徐海东立场坚定、是非分明、坚持正义、不怕遭整治，为了革命事业仗义执言，为了中国革命的成功舍己为人、舍生取义，这种大无畏精神世代传颂，万古长青！

■史海钩沉

红军长征中的第四次会师

1934年11月16日，以程子华为军团长、徐海东为副军团长的红二十五军共2980余人，奉命高举"中国工农红军北上抗日第二先遣队"的旗帜，告别了鄂豫陕皖根据地，从河南省罗山何家冲出发向西挺进，创建豫陕鄂根据地。

1935年6月，一、四方面军在川西北会师的消息传到军中，红二十五军决定西征北上，与红二十六军配合，争取巩固陕甘革命根据地，迎接中央和一、四方面军北进。7月16日，红二十五军近4000人从子午镇出发，向甘肃挺进，9月9日抵永宁山。

陕甘政府和红军的代表习仲勋、刘景范等同志前往迎接。9月18日，红二十五军3400多人到达延川县永坪镇，与刘志丹等同志领导的二十六、二十七军胜利会师。会师后，组建成红十五军团，共7000余人，徐海东任军团长，程子华任政委、刘志丹任副军团长兼参谋长，为党中央和一、四方面军的到来，扫清道路，建立了一个落脚点。

□文苑荟萃

徐海东的故事

红军初建时，徐海东虽当过正规军的班长、排长，但毕竟缺乏组织大部队的经验，是靠边打边学，用鲜血交的学费。当时部队武器很差，农民战士普遍缺乏战斗经验，他从当队长起，直至当军长，都是在最前线指挥，并亲自带领战士冲杀，先后9次负伤。当副军长时，他在火线上被子弹从左眼底下打入，从后颈穿出，抬下阵地后第五天才醒来。他苏醒后的第一句话就问："现在几点了？部队该出发了吧？"身边的护士周东屏（后来成为他的夫人）回答："四天四夜人事不省，真把人急死了！"徐海东却不在乎地说："我倒睡了个好觉。"

通过在大别山多年的战斗实践，徐海东积累了丰富的经验，往往与敌人一接火，就能判断出对手的兵力和火力情况。1934年春，他在皖西葛藤山作战时，以不足2000的兵力一举歼灭追来的敌军两个团。被俘的敌军师长柳树春对此十分不解，竟当面问："军长，你是黄埔几期？"徐

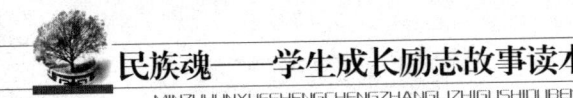
海东回答说："我既没听过保定的课，也未入过黄埔的门，我是'青山大学'毕业的！"

当时，因环境残酷，经常出现叛徒，一些领导人盲目地搞"肃反"。徐海东为人耿直，一次，在省委会上当面批评书记指挥错误，有人便想给他扣上"反革命"帽子。他得知后，感到不如在战场上牺牲落得个光荣，正赶上一伙敌人打到了家门口，形势十分危急，于是他留下文件，光着身子，挥舞大刀率警卫队带头向敌人冲锋，一举打垮了一个旅。战后，那位书记来找他，非常激动地拉住他的手称赞不已，并对大家说："我不死，不许再有人说徐海东有问题。"并把自己珍爱的怀表送给徐海东。此后，党内再没有人怀疑徐海东对革命的忠诚。

第二篇
大义为国可歌可泣

荆轲勇刺秦王

荆轲（？—前227年），战国末期卫国人，也称庆卿、荆卿、庆轲，是春秋时期齐国大夫庆封的后代，战国"四大刺客"之一，荆轲受燕太子丹之托入刺秦王，因为被夏无且的药囊击中，行刺失败被杀。

战国末期，秦国已成为凌驾于其他六国之上的强国。秦王嬴政野心勃勃，想吞并六国，一统天下，不断命令军队进犯别国。在秦国为人质以求与秦结盟的燕太子丹，逃回了燕国，但燕国已危在旦夕。

为了保全燕国，也为了报复秦王对自己的苛毒，太子丹决心不惜一切代价，寻找智勇双全的义士刺杀秦王。可是，重金易得、义士难求，太子丹寝食不安。功夫不负有心人，不久，太子丹就在大臣田光那里认识了荆轲——一个为人豪爽、武艺高强的侠士。

当荆轲见到太子丹时，太子丹跪下恳求荆轲："如今秦国贪得无厌，野心十足。如果不把天下的土地全部占为己有，不使各诸侯全部成为自己的臣下，他是不会满足的。现在秦国已经俘虏韩王，占领了韩地，又发兵向南攻打楚国，向北逼近赵国。王翦的大军已逼近漳水、邺城，而李信又出兵太原、云中。赵国哪里能抵抗秦国的攻势，一定会投降。赵国向秦称臣，大祸就要落到燕国头上了，燕国国小力弱，多次遭受兵祸，现在就算征发全国力量也不可能抵挡住秦军。诸侯都屈服于秦国，没有谁敢和燕国联合。我私下考虑，希望能得到一位天下最勇敢的人出使秦国，用重利引诱秦王，秦王贪图这些厚礼，我们就一定能如愿以偿了；如果能劫持秦王，让他全部归还侵占的诸侯土地，就像当年曹沫劫持齐桓公那样，那就更好了；如果秦王不答应，那就杀死他。秦国的大将在国外征战，而国内大乱，那么君臣必定会相互猜疑。趁这个机会诸侯就可以联合起来，击破秦国。这是我最大的愿望，为了国家的利益，请您助我一臂之力，我将终生感激您！"

面对虔诚地跪在地上的太子丹，荆轲连忙施礼，他被礼贤下士的太子丹深深感动了。

自从荆轲答应刺杀秦王后，太子丹无比激动。为了补偿荆轲所做的牺牲，他每日将荆轲奉为上宾，锦衣玉食、良宵美酒、歌舞美女，希望满足荆轲的一切欲望。然而，荆轲并没有沉迷，他在苦思冥想：如何见到秦王，取信于他，用什么武器杀死秦王，怎样刺杀……"樊於期！"荆轲想到了在燕国避难的秦臣樊於期，想用他的生命换取秦王的信任，可太子丹却不忍心。荆轲亲自去找樊於期，樊於期为了感谢太子丹的收留之情，助荆轲刺秦成功，樊於期留书自杀了。

"风萧萧兮易水寒，壮士一去兮不复还！"

凄凉的晚风轻拂着身穿丧服的太子丹等人悲伤的面颊。泰然自若的荆轲，面向滔滔易水，放声高歌。风在低泣，水在呜咽，为勇士的无畏与凛然。送行的人长跪河岸为荆轲祈祷。

一曲唱完，荆轲接过太子丹捧上来的壮行酒，仰天长啸，一饮而尽，然后带上樊於期的头颅，拿起包有匕首的地图，毅然跳上马车，策马扬鞭，义无反顾地奔向了秦国。

在秦国富丽堂皇的咸阳宫里，八面威风的秦王嬴政不屑一顾地瞧着燕国使臣荆轲送来的秦国叛将樊於期的人头，又得意扬扬地看着荆轲呈上来的燕国最富饶的督亢的地图。随着地图慢慢展开，嬴政贪婪的双眼眯成了一条缝，仿佛看见督亢的特产大批地流进了他的王宫。

　　突然，一道寒光从地图的末端闪现，刚刚还奴颜婢膝的荆轲，如闪电般地抓起藏在地图中的锋利匕首，果断地刺向嬴政的前胸。秦王异常机敏，在寒光一闪的瞬间，就已意识到将要发生的事情，他惊险地躲过了荆轲致命的攻击。

　　"有刺客，快抓住他，杀死他！"

　　一时间，咸阳宫内人声鼎沸，昔日歌舞升平的大殿一阵刀光血影。

　　喊声终于停止了，荆轲最终倒在了血泊中。

　　荆轲的故事从此就被人们所传颂，他的精神也被人们所赞扬！

■心灵物语

　　"人生自古谁无死，留取丹心照汗青。"为了国家的利益，为了大义，荆轲不惜牺牲自己的生命。他虽没能成功，但他的精神、他的气概永为人们所称颂。

■史海钩沉

秦灭六国

　　公元前237年，秦王嬴政罢黜吕不韦，亲自执政，开始谋划吞并六国的战争。其作战的策略是由近及远，先取赵国、魏国、韩国，再取燕国、楚国、齐国。前236年派王翦、桓齮率军攻赵，前229年灭赵。在秦国攻打赵国时，邻近的韩国惧怕秦军声威，于前231年向秦军请降。秦国受降后，把韩地划为三川郡，韩国亡。前225年，秦国任用李信为将率军10万伐楚，结果被楚军打败。第二年又派王翦率军六十万进攻楚国，终于在前222年灭楚。前225年，秦王任王贲为将率兵攻魏，三个月后魏国亡。前222年，王贲又率军攻燕，将燕国灭掉。前221年，秦将王贲又率军灭齐。经过20多年的战争，秦国最终灭掉六国，统一了天下。

■文苑荟萃

《咏荆轲》

（东晋）陶渊明

燕丹善养士，志在报强嬴。
招集百夫良，岁暮得荆卿。
君子死知己，提剑出燕京。
素骥鸣广陌，慷慨送我行。
雄发指危冠，猛气冲长缨。
饮饯易水上，四座列群英。
渐离击悲筑，宋意唱高声。
萧萧哀风逝，淡淡寒波生。
商音更流涕，羽奏壮士惊。
心知去不归，且有后世名。
登车何时顾，飞盖入秦庭。
凌厉越万里，逶迤过千城。
图穷事自至，豪主正怔营。
惜哉剑术疏，奇功遂不成。
其人虽已没，千载有余情。

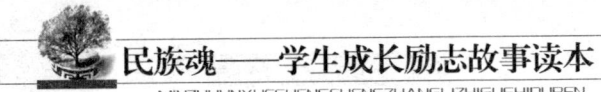

杨儒拒签卖国条约

杨儒（1840—1902年），字子通，清代铁岭人。其先人是铁岭县的一名武官，隶汉军正红旗人。同治六年（1867年）杨儒乡试中举人，光绪十四年（1888年）任江苏镇海道道员，光绪十七年（1891年）为浙江温处道，旋调安徽宁池太道，光绪十八年（1892年）改四品卿。他曾任过北京、江苏、江浙等地的道员、少卿、侍郎等职。光绪十八年二月杨儒出任驻美公使兼斯尼巴亚（西班牙）和秘鲁公使，光绪二十一年（1895年）为太常寺少卿，光绪二十二年（1896年）出任俄国、奥地利、荷兰三国公使，光绪二十四年（1898年）为工部右侍郎。

清朝末年，清政府腐败无能，西方列强纷纷伸出罪恶之手，入侵中国，企图使中国成为他们的殖民地。作为近邻的沙俄，也以为中国软弱可欺，乘机侵犯了东三省，并以武力逼迫清政府签订出卖东北土地的条约。

一心想追求安逸生活的慈禧太后，不是调集军队以牙还牙，而是发电报命令杨儒与沙俄谈判，苟且偷安。

接到"签约与否，自行决断"电令的杨儒，心潮澎湃，既为清政府的妥协退让而气愤，又为自己责任重大而不安。他决心尽自己的能力，保护国土的完整。

"杨先生，只要你肯在条约上签字，我们中俄两国就是永远的朋友了，你就是大功臣了，我国政府是不会忘记杨先生的。只要你开口，什么条件我们都会满足你的，那时你就有享不尽的荣华富贵了……杨先生，请吧！"沙俄财政大臣维特得知签约的关键是杨儒，便找上门来，诱劝杨儒。

"不，我绝不做这卖国求荣的事。东三省是中国的，岂能拱手让人！"杨儒大义凛然地反驳。

"杨先生，你不签字，一定是怕你的政府以后降罪吧？没关系，如果将来你的政府降罪于你，我们国家一定会出面干涉的，我们会保护你的。"维特自作聪明地劝着。

"我是中国的官员，我是大清的臣子，为什么要让俄国来保护？凭什么你们来干涉？这种背叛国家的事我杨儒绝不会做！"杨儒义正词严。维特见杨儒态度坚决，灰溜溜地回去报告。俄政府又向清政府施加压力，希望清朝早日就范。

为了维护自己的统治地位，主和派的李鸿章在慈禧的授意下给杨儒拍发了电报："势处万难，不得不允，请酌情画押，勿误。"

"哼，我是全权大使，我绝不做卖国大使！"杨儒看了李鸿章的电文，十分气愤。

"给你十五天期限，到时不签字，一切后果都由你们的政府负责！"沙俄外交大臣见杨儒拒不签字，怒吼着下了最后通牒。

内外交困，杨儒病倒了。

清政府的怯懦，杨儒的大义，激起了全国人民抗俄保国的激情，纷纷举行集合游行。英、日等国目睹中国人民高涨的爱国热情，同时也为了各自在华的利益，也反对清政府与俄国签约。在这种形势下，清政府终于作出了支持杨儒，拒不签字的决定。

"政府决定不签字！"

"大人可以答复俄国人了！"

手下的人接到朝中的电报，高兴地告诉了杨儒。

"快备车！去通知俄国人，让他们死了这条心。"得到消息的杨儒万分激动，不顾病痛的折磨，冒雪奔向俄国大使驻地。

东北的严冬北风呼啸，鹅毛雪铺天盖地，天地间一片凄凉，几乎不见行人。"啪，啪，啪！"三声清脆的马鞭声从对俄谈判全权大臣的大

院中传出，一辆四匹马拉的大车匆匆从院中跑出，一位身穿满清官服的人昂首坐在车上，向沙俄侵华军队的驻地驶去。风雪打着旋儿地扑向马车，车夫不停地拉着头上的帽子，希望能暖和一点，可车上的人似乎没有感到刺骨的寒冷和刮面的雪花，他炯炯有神的双眼静静地看着周围的一切，嘴角浮现出胜利的微笑。

他，就是专程前往沙俄驻地回信的，不畏沙俄的清朝大使杨儒……

■心灵物语

民族大义，千古一题。杨儒为国家领土的完整，为维护国家和民族的利益，为使国土不受外寇的侵犯，不畏强暴，将个人的生死置之度外。在民族危亡时刻，杨儒不为利益所动，深明大义，保全了国家的领土完整和民族尊严。

■史海钩沉

尼布楚条约

从16世纪后期沙皇伊凡雷帝时开始，沙俄开始对西伯利亚和远东进行殖民侵略。1636年，俄国人到达鄂霍次克海，征服了西伯利亚全境。这个地区成为俄国人的殖民地。当俄国的势力接近清代中国时，便发生了军事冲突。从17世纪中叶起，沙俄侵略军越过外兴安岭，侵入中国黑龙江流域，烧毁村庄，杀掠人口，抢夺粮食和貂皮。

1652年（清顺治九年），俄国人东入黑龙江，"驻防宁古塔（今黑龙江省宁安市）章京海色率所部击之，战于乌扎拉村。"这是中俄之间第一场战斗。之后中俄之间发生多次外交和军事上的冲突。

1657年，沙俄派正规军在尼布楚河与石勒喀河合流处建立了雅克萨城与尼布楚城。在边疆人民奋起抵抗下，清政府曾一度派兵收复过雅克萨，并曾多次敦促沙俄进行谈判，可是俄方却置之不理。1685年，康熙在平定"三藩之乱"后，派将军彭春5月22日从瑷珲起兵五千人，分水陆两路围攻雅克萨。5月25日，在凌厉的攻势面前，侵略军被迫投降，答应撤退。但当清军一离开，他们又偷偷开进雅克萨城重建据点。第二年，清军再次围攻雅克萨城。经过几个月的战斗，侵略军头子托尔布津被击毙，俄军伤亡惨重，雅克萨城指日可下，迫使沙皇政府"乞撤雅克萨之围"，并派戈洛文为大使，前来中国举行边界谈判。十一月，清政府为表示谈判诚意，宣布无条件停火，停止攻城。1689年9月7日（康熙二十八年七月十四日）尼布楚条约正式签字。

■文苑荟萃

颐和园

颐和园原是清朝帝王的行宫和花园，前身清漪园，是三山五园中最后兴建的一座园林。始建于1750年，1764年建成。面积290公顷，水面约占四分之三。乾隆继位以前，在北京西郊一带已建起了四座大型皇家园林，从海淀到香山这四座园林自成体系，相互间缺乏有机的联系，中间的"瓮山泊"成了一片空旷地带。乾隆十五年（1750年），乾隆皇帝在这里改建为清漪园，以此为中心把两边的四个园子连成一体，形成了从现清华园到香山长达20公里的皇家园林区。咸丰十年（1860年），清漪园被英法联军焚毁。光绪十四年（1888年），慈禧太后以筹措海军经费的名义动用3000万两白银重建，改称颐和园，作为消夏游乐之地。到光绪二十六年（1900年），颐和园又遭"八国联军"的破坏，烧毁了许多建筑物。光绪二十九年（1903年）修复。后来军阀混战，国民党统治时期，又遭破坏。1949年之后，政府不断拨款修缮。1961年3月4日，颐和园被公布为第一批全国重点文物保护单位。1998年11月被列入《世界遗产名录》。2007年5月8日，颐和园经国家旅游局正式批准为国家5A级旅游景区。2009年，颐和园入选中国世界纪录协会中国现存最大的皇家园林。

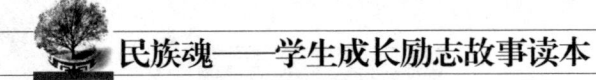

陈化成献身吴淞口

　　陈化成（1776—1842年）字业章，号莲峰，福建同安县（今属厦门市）人。他出生金门，自幼熟习水性，精武艺，尚气节，智勇过人。陈化成28岁加入清军水师，嘉庆二年（1797年）捕"洋盗"出力，拔补额外外委。后来，陈化成随同王得禄攻捕"洋盗"孙太，并参与李长庚镇压东南沿海势力最大的蔡牵海商抗清集团，历任把总、千总、参将、副将、总兵等职，道光十年（1830年）升为福建水师提督。陈化成驭军有纪律，约己尤严，时称"廉将"。他巡阅台湾时，随行将卒虽众，但对各地文武所供应"馈送"，一无所受，当时人称赞"所过如未尝有兵者"。陈化成在吴淞深得士卒心，连侵略者也畏其威名，有所谓："不怕江南百万兵，只怕江南陈化成。"

　　"山雨欲来风满楼"，1842年的上海吴淞口，英帝国主义侵略者的战舰已兵临城下，一排排阴森森的炮口，在海风中显得更加寒气逼人。

　　6月的一个夜晚，天黑沉沉的，星星点点的篝火映着守炮台士兵熟睡的脸。西炮台上，一位年近70的老人正缓缓地来回巡视着，炯炯有神的双眼望着隐伏杀机的茫茫海面，双眉紧锁地沉思着，银白色的胡须在夜风中轻轻飘动。

　　他，就是清末爱国将领陈化成。

　　"嗖，嗖，嗖，"突然，远处海面上升起一串绚丽的火花。陈化成的心一阵紧张，因为那不是节日的礼花、爆竹，而是英军对吴淞口炮台发起攻击的信号。

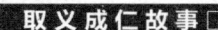

"起来，各就各位，英军要来打炮台了！"陈化成立即指挥士兵进入阵地。

"敌人来了！"训练有素的士兵很快做好了迎击侵略者的准备。

"轰隆隆"，震耳欲聋的大炮声拉开了吴淞口保卫战的大幕。目空一切的英军靠着先进的装备，很快就驶近了海岸，端着来复枪，叽里呱啦地冲上了海滩。

"打，狠狠地打，教训一下这些洋鬼子！"陈化成一声令下，士兵们一起向敌人开火。

一阵惨叫过后，英军死的死，伤的伤。敌舰的桅杆也倒了，刚刚还趾高气扬的英军，像丧家犬一样仓皇逃回了船上，马上后撤了。

"陈化成太厉害了，掉转炮口，攻打东炮台！"英军指挥官心有余悸地说。

"不好啦，敌人来攻打我们了，快逃命吧！"东炮台守将牛鉴一向畏敌如虎，看见炮弹在身边开花，哪儿还顾得指挥士兵反击，吓得屁滚尿流地逃跑了。鸟无头不飞，牛鉴一逃，东炮台立刻乱了，士兵们丢下枪炮落荒而逃。转眼间，整个炮台只剩下一门门崭新的大炮，一排排完好的炮弹，和一支支横七竖八的枪支。

"全力攻打西炮台，看陈化成还能坚持多久。"占领了东炮台的英军，很快掉转了炮口，向陈化成的炮台轰击。

"各位弟兄，当兵的职责是保家卫国。现在英国人已侵入了我们的国土，灾难即将降临在我们的父老乡亲身上。为了国家，为了亲人，我们要齐心合力，把洋鬼子赶出去。"腹背受敌的陈化成，慷慨激昂地鼓励着自己的部下，决定与敌人决一死战。

"把鬼子赶出去！"

"生为中国人，死为中国鬼！"

士兵们高呼着，斗志昂扬地投入了战斗。

战斗是残酷的，雨点般的炮弹不停地倾泻在阵地上，整个炮台烟雾弥漫，惨叫声和肉体烧焦的气味刺人心肺。

陈化成也多处受伤，鲜血染红了战袍，飘动的胡须像一团燃烧的火苗。

"将军，您快骑马逃走吧！这炮台肯定守不住了，您得保重自己呀！"陈化成的随从爬到他的身边，有气无力地恳求。

"不，我绝不退后半步。我当兵几十年，为的就是保家卫国。今天外敌入侵，就算打不退英军，我也誓与炮台共存亡。你自己逃命去吧！"陈化成凄凉而悲壮地说。

说完，陈化成毅然转过身去，用颤抖的双手捧起沉重的炮弹，艰难地放入滚烫的炮膛，竭尽全力地点燃了火药……

炮弹落在了英军占领的东炮台上，陈化成的嘴角掠过一丝微笑。不幸的是，正当陈化成准备发射第二颗炮弹时，一颗罪恶的子弹射中了他的胸膛，老英雄咬紧牙关，点燃了火药，望着飞射而出的炮弹，慢慢地倒了下去……

▢心灵物语

为了民族的利益和国家领土不受侵犯，陈化成大义凛然地面对死神。"生为中国人，死为中国鬼！"陈化成面对敌寇，毫无惧色，与侵略者决一死战绝不后退半步的气概和宁死不屈的气节，让后人肃然起敬。

▢史海钩沉

鸦片战争前的世界形势

正当清王朝日趋衰落的时候，英、法、美、俄各国的资本主义却在迅速发展。18世纪60年代起英国开始了工业革命，到19世纪30、40年代，大机器工业逐渐代替了工场手工业。英国工业的发展，工业产量急剧上升，"不断扩大产品销路的需要，驱使资产阶级奔走于全球各地"。

法国是仅次于英国的资本主义国家，到鸦片战争前夕，法国工业产量居世界第二位。美国在鸦片战争前夕资本主义工业并不发达，但它正处于上升阶段。19世纪30年代，美国资产阶级正向南部劫掠印第安人和墨西哥人的土地，排除欧洲资本主义在拉丁美洲的势力，全面控制市场，因此，美国在19世纪中叶没有足够的力量侵犯中国。美国充当了英国侵略者的帮手，追随英国侵入中国。俄国1861年农奴制改革后，资本主义工商业迅速发展。俄国从北面虎视眈眈，随时准备夺取中国的领土。

19世纪40年代，西方资本主义国家携工业革命的雄风，蒸蒸日上。欧美列强为了扩大商品市场，争夺原料产地，加紧了征服殖民地的活动，中国的周边国家和邻近地区，陆续成为它们的殖民地或势力范围。中国作为一个幅员辽阔的古老国家，自然成为殖民主义者侵略扩张的对象。

□文苑荟萃

三将军歌并序

（清）张维屏

三将军者，陈公连升、陈公化成、葛公云飞也。道光庚子、辛丑、壬寅、三公皆以御夷寇、力战殁于阵。余闻人述三公事，作三将军歌。

> 三将军，一姓葛、两姓陈，捐躯报国皆忠臣。
> 英夷犯粤寇氛恶，将军奉檄守沙角。
> 奋前击贼贼稍却，公奋无如兵力弱。
> 凶徒蜂拥向公扑，短兵相接乱刀落。
> 乱刀斫公肢体分，公体虽分神则完。
> 公子救父死阵前，父子两世忠孝全。
> 陈将军，有贤子；葛将军，有贤母。
> 子随父死不顾身，母闻子死数点首。
> 夷犯定海公守城，手轰巨炮烧夷兵。
> 夷兵入城公步战，炮洞公胸刀劈面。
> 一目劈去斗犹健，面血淋漓贼惊叹。

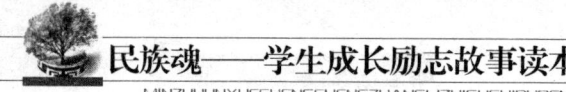

夜深雨止残月明，见公一目犹怒瞪，

尸如铁立僵不倒，负公尸归有徐保。

陈将军，福建人。自少追随李忠毅，身经百战忘辛勤。

英夷犯上海，公守西炮台。以炮击夷兵，夷兵多伤摧。

公方血战至日旰，东炮台兵忽奔散。

公势既孤贼愈悍，公口喷血身殉难。

十日得尸色不变，千秋祀庙吴人建。

我闻人言为此诗，言非一人同一辞。

死夷事者不止此，阙所不知诗亦史。

承平武备皆具文，勇怯真伪临阵分。

天生忠勇超人群，将才孰谓今无人？

呜呼将才孰谓今无人，君不见二陈一葛三将军！

邓世昌捐躯黄海

　　邓世昌（1849—1894年），原名永昌，字正卿，清末海军爱国将领，民族英雄，广东番禺（今广州市海珠区）人。邓世昌少年时就聪颖好学，"有干略"。1868年，邓世昌考入福州船政学堂学习航海，毕业后被派到"建威"练习驾驶，随船巡历南洋各岛；1874年被任命为"琛海"兵船大副，以后历任"海东云舰""振威舰""飞霆舰"等兵船管带；1894年9月17日在中日甲午黄海海战中壮烈牺牲。

　　1894年，清朝的海军分为北洋、南洋、福建和广东四支水师舰队，以北洋舰队实力最强。中日甲午战争爆发后，北洋水师主力在丁汝昌率领下到达大连湾，护送陆军搭乘的船去朝鲜，行至鸭绿江口大东沟遭遇日本舰队，黄海海战拉开序幕。当时邓世昌是北洋水师致远舰管带。

　　"全体舰只注意，成一字横阵迎击日舰！"北洋水师提督丁汝昌通过指挥旗，向部下发布了反击入侵者的命令。

　　海面上，侵华日军的十几艘装备先进的战舰，也已一字排开，虎视眈眈地开了过来，妄想一举吞掉北洋水师，为他们野心勃勃的侵略战争立头功。

　　"打！"丁汝昌一声令下，震惊中外的中日甲午战争的序幕——黄海大战开始了。

　　"致远号"管带邓世昌接到命令后，带领他的部下向敌人发起了猛攻。

"旗舰起火了！"负责观察情况的士兵喊了起来。只见旗舰已是浓烟四起，日舰的炮口都对准了旗舰。

"快，挡住敌人火力，掩护旗舰！"邓世昌果断地下达命令。

敌人的火力虽被吸引过来，但旗舰已无法修复，只得拖着重伤的船体，撤出了战斗。

失去了旗舰的指挥，北洋水师各舰无法协同作战，只得各自为战，进攻的威力大大减弱了。

"全力包围，攻击'致远号'！"日军中将伊东佑亨传下了命令。

陷入重围的邓世昌，沉着稳健地指挥士兵作战。一场孤军奋战的激烈战斗在宽阔的海面上展开了。

"中了！"一发炮弹击中了伊东的指挥舰"吉野号"。

"完了！"伊东佑亨长叹一声，闭上了眼睛。

一秒、两秒、三秒……炸弹没有爆炸，伊东莫名其妙地睁开了紧闭的双眼，发现炮弹只是穿船而过，他呆愣的脸上露出了侥幸的笑容。

"炮弹怎么没爆炸？"邓世昌焦急地问。

"炸弹已经用完了，只剩几枚不爆炸的教练弹了。"炮手无可奈何地说。"抓活的，抓住邓世昌！"见"致远号"没了炮弹，伊东张牙舞爪地喊起来。

日舰越来越近，包围圈越缩越小，望着焦虑的部下和疯狂的敌人，邓世昌飞快地思索着对策：撞沉吉野号，敌舰阵必乱，定会打击敌人的侵略气焰。

"弟兄们，全速行驶，撞向吉野号！"邓世昌决定孤注一掷。

伊东佑亨见邓世昌的舰全速向自己这边驶来，大吃一惊，忙命令士兵向"致远号"开炮。一时间，炮弹像雨点一样落在致远舰上，舰上的士兵死的死，伤的伤，一片惨象。

"吉野号、伊东佑亨，今天我撞也要把你撞沉！"从硝烟中爬起来的邓世昌，来不及包扎伤口，他握紧舵轮，高喊着向吉野号冲去。

"快，快放鱼雷，炸沉它！"伊东惊慌乱叫。

"轰"一枚鱼雷撞上了东躲西闪的"致远号"，邓世昌被掀入海中……

残阳如血，照着硝烟弥漫的海面。在爱犬"太阳"的帮助下爬上岸的邓世昌，望着海面上飘浮着的血肉模糊的尸体和被鲜血染红的战舰残片，他的心碎了。

"将士当血染战场，与战舰共存亡，我丢失了战舰，失去了战友，还有何面目活在世上！"邓世昌像受伤的雄狮，低吼着冲向大海。

"太阳"很理解主人的心思，死死地咬住邓世昌的长发，低低地呜咽着，想阻止主人。

邓世昌抚摸着心爱的伙伴，泪流满面，叹息着咬紧牙关，一把抱住"太阳"，走向大海深处，走向夕阳染红的地方。

■心灵物语

将士血染战场，邓世昌面对日寇义愤填膺，英勇奋战，视死如归，大义凛然，他的精神永远激励着千千万万的中国人。

■史海钩沉

黄海海战

中日甲午战争是中日双方海军主力在黄海北部海域进行的一场海战。亦称中日甲午海战、大东沟海战。黄海海战历时5个多小时，北洋水师损失致远、经远、超勇、扬威、广甲5艘军舰，来远舰受重创，死伤官兵千余人；日本舰队松岛、吉野、比睿、赤城、西京丸5舰受重伤，死伤官兵600余人。

黄海海战以后，北洋水师退回旅顺、威海。"避战保船"不再出战，日本海军掌握了黄海制海权。

福州船政学堂

福州船政学堂是中国近代第一所海军学校。它率先引进西方军事教育的体制及内容，在招收学生、聘用教习、教学内容以及教学方法等方面都具有与传统封建教育所不同的特点，因而在中国的土壤上建立起一套全新的教育体系，开创了中国近代海军教育的先河，对中国近代海军教育的发展产生了重要的影响。

培养出众多名人的福州船政学堂是当时中国师资力量最为雄厚的科技学校，也是最早采用西方教学制度和方法的新式学校，福州船政对中国近现代造船业和海军建设也产生了深远的影响。

船政就是国家造船的机构，因创立在福州马尾，故称福州船政、马尾船政。船政的倡办者是时任闽浙总督的洋务派代表左宗棠，船政的具体地点设在罗星塔一带。马尾船政是近代中国最先建立的国防企业之一，它的建立是洋务派"自强""求富"主张的体现。

 # 丁汝昌以身殉国

丁汝昌（1836—1895年），字禹廷，号次章，安徽庐江人。丁汝昌早年参加太平军，后太平军失败，改投湘军，不久改隶淮军，参与对太平军和捻军作战，官至记名提督，1879年调北洋水师，1888年任北洋水师提督。中日甲午战争中，丁汝昌坚守北洋水师基地威海卫，在弹尽粮绝、外援断绝的情形下，下令沉船，并服毒自尽。

1894年7月，日本未经宣战便向中国开炮，中日甲午战争爆发。作为北洋水师提督的丁汝昌积极主战。黄海海战中，丁汝昌身先士卒，身受重伤，仍坐在甲板上指挥战斗。在他的激励下，士气大振，终于击退了日军舰队。威海之战中，丁汝昌亲自登舰指挥，不但迎头痛击来袭的日军舰船，还发炮支援南岸守军，击毙了日军陆军少将大寺安纯。

威海之战前夕，日军海军中将伊东祐亨深知丁汝昌的厉害，就写信劝他投降。丁汝昌将信撕得粉碎，投向大海，骂道："见鬼去吧！你错看了我丁某。头可断，志不可屈，国不可辱。今天只有一死，来尽忠臣之职！"他上书李鸿章道："我一定要战斗到船尽没，人皆亡而后已！"并且叮嘱说，"我身已许国，万望勿以我为念！"敌军再次劝降，他仍严词拒绝。于是，敌人勾结军中的民族败类，用武力威逼，他怒斥道："你们想让我投降吗？除非是立即杀了我。我命不足惜！"后来，得知陆上援军已无望，丁汝昌召集了各舰管带和船员会议，发出最后号召："同仇敌忾，与敌人决一死战。鼓足力量，拼死突围！"但是遭到船员的反对。

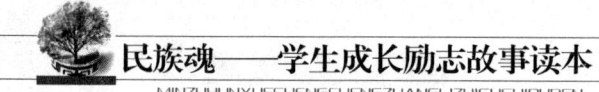
丁汝昌知大势已去，想派人用水雷炸沉北洋海军的主舰镇远号，没有人响应。事已至此，丁汝昌知道败局已无力挽回，于是"速将提督印截角作废"，以防有人盗印降敌，并于1895年2月11日在刘公岛自杀殉国。

心灵物语

头可断，志不可屈，国不可辱。丁汝昌宁死不屈的精神，体现了中华儿女为国土不遭践踏，与日寇殊死一战的英雄气概，是中华民族光辉形象的真实写照。北洋海军虽以失败而告终，但在世界反侵略史上留下了不可磨灭的一页。它向全世界人民宣告：中华民族不可辱！

史海钩沉

北洋舰队

北洋舰队又称北洋水师，或称作北洋海军。是中国清朝后期建立的第一支近代化海军舰队，同时也是清政府建立的三支近代海军中实力和规模最大的一支。北洋水师1888年12月17日于山东威海卫的刘公岛正式成立，在1894—1895年的中日甲午战争中全军覆没。它的覆灭也标志着洋务运动的失败，并直接促使清政府签订了丧权辱国的中日《马关条约》。

文苑荟萃

东沟行

（清）黄遵宪

蒙蒙北来黑烟起，将台传令敌来矣，神龙分行尾衔尾。
倭来倭来渐趋前，绵绵翼翼一字连，倏忽旋转成浑圆。
我军瞭敌遮飞炮，一弹轰雷百人扫，一弹流星药不爆。
敌军四围来环攻，使船使马旋如风，万弹如锥争凿空。

地炉煮海海波涌，海鸟绝飞伏蛟恐，人声鼓声噤不动。

漫漫昏黑飞劫灰，两军各挟攻船雷，模糊不变莫敢来。

此船桅折彼釜破，万亿金钱纷雨堕，入水化水火化火。

火光激水水能飞，红日西斜无还时。

两军各唱铙歌归，从此华船匿不出。

人言船坚不如快，有器无人终委敌。

哭威海

（清）黄遵宪

台南北，若唇齿；口东西，若首尾；刘公岛，中间峙。

嗟铁围，薄福龙，龙偃屈，盘之中。（根据佛经，铁围山中有八大地狱，薄福龙白天受热沙曝晒，被小虫吞噬。）

海与陆，不相容，敌未来，路已穷，敌之来，又来攻。

敌大来，先拊背，荣成摧，齐师溃。南门开，犬不吠，金作台，须臾废。

万钧炮，弃则那！炮击船，我奈何！船资敌，力犹可；炮资敌，我杀我。

危乎危，北山嘴距南台，不尺咫，十里墙，薄如纸，李公睡，戴公死。（李秉衡被敌人蒙蔽，只顾登州；戴宗骞则兵败自杀。）

寇深矣！事急矣！麾海军，急上台，雷轰轰，化为灰，山号跳，海惊猜。

击者谁？我实来。南复北，台乌有，船子子，东西口。

天大雪，雷忽发，船蘞裂，龙见血。

鬼夜哭，船又覆，地日蹙，龙局缩。

坏者撞，伤者斗，破者沉，逃者走。

噫吁戏！海陆军，人力合，我力分。

如蠖屈，不得伸，如斗鸡，不能群。

毛中虫，自戕身，丝不治，丝愈棼，火不战，火自焚。

遁无地，谋无人，天盖高，天不闻。

四援绝，莫能救；即能救，谁死守？

炮未毁，人之咎；船幸存，付谁某？

十重甲，颜何厚！海漫漫，风浩浩，龙之旗，望杳杳。

大小李，愁绝倒，岿然存，刘公岛。（大李者，李鸿章；小李者，李秉衡。）

徐骧保台湾壮烈牺牲

徐骧（1858—1895年），清末台湾抗日义军将领，字云贤，台湾苗栗人，祖籍广东，秀才出身。徐骧家世以农耕为业，但他素有大志，"耕而兼读，耕读之余，更以余力习武技"。徐骧勤奋耐劳，并善于团结群众，常资助贫苦乡民，深得当地农民的信赖。1895年，日本强迫清政府割让了台湾和附属岛屿，日军在台北登陆。台湾人民义愤填膺，奋起反抗，推举黑旗军刘永福为抗日领袖。徐骧组织民团，同台湾人民几经转战抗日寇。

徐骧出生在台湾省苗栗县一个贫苦的农家，自幼勤劳朴实，酷爱读书，曾考中秀才。他身材魁梧，有一身好武艺，希望有一天能为国家贡献力量。

1895年，清政府在中日甲午战争中失败，签订了丧权辱国的《马关条约》，把台湾拱手让给了日本。日军近卫师侵入台湾，很快占领了台北。面对国破家亡的危险，徐骧挺身而出，慷慨激昂地向愤怒的群众发表演说："台湾是我们世世代代生活的故乡，我们要奋起抗战，保卫祖国，保卫家乡，就是牺牲了，我们的精神也将永垂不朽！我们以血肉与台湾共存亡，这是无上的光荣！"说到这里，徐骧泣不成声，泪如雨下。大家听了他的讲话，更加激愤，个个摩拳擦掌，表示愿意跟随徐骧同日寇决一死战。大家一致推举徐骧为首领，成立了民团。徐骧激动地向父老乡亲表示："竭尽全力驱逐日寇，收复台湾！"

6月中旬,一队日军进攻新竹。当他们沿山路南下时,几十名义军战士从竹林中突然冲出来,同他们展开激战。徐骧率领援军也很快赶来,呐喊着杀向敌人,歼灭日寇六十多人,日寇头目樱井大佐也一命呜呼。不久,日寇大队人马到来,义军由于弹药缺乏,被迫撤退,日寇占领了新竹。7月9日,义军分三路反攻新竹,义军手持土枪土炮英勇战斗,同日寇进行反复肉搏,终因寡不敌众,退入密林中。徐骧率义军继续坚持战斗,牵制日寇达两月之久,延缓了日军侵占台湾的计划。义军的英勇气概使敌人惊叹,承认"我们的对手非常顽强,丝毫不怕死"。

后来,徐骧联合其他义军退守彭化城,以大肚溪为屏障顽强抵抗。当日寇向大肚溪进攻时,徐骧令士兵埋伏在丛林中,自己率军迎敌,然后假装撤退,诱敌深入。日军追踪而来,进入义军埋伏圈,顿时伏兵四起,杀声震天,打得敌人落花流水。义军乘胜追击,夺回了失去的大肚溪。徐骧率义军来到彭化城外八卦山防守,日寇便集中兵力猛攻八卦山。义军奋力固守,堆石为垒,英勇战斗,打退了敌人一次次进攻。徐骧还派兵夜袭敌营,杀伤了大量敌人,使敌人日夜不得安宁。日寇便用重金收买奸细带路,进入义军据守的山中。等义军发现时,敌人已布满山野。

徐骧率义军与日寇短兵相接,展开激烈的肉搏战。经过浴血奋战,歼灭号称精锐的日军近卫师团一千多人,日寇少将山根信诚也在其中。但是义军也有三百多名将士英勇殉国。徐骧战斗到最后,仅率领十几名战士突出重围,沿着崎岖的小路向高山族同胞聚居的阿里山区撤退,准备继续积蓄力量,同日寇血战到底。

日寇遭到台湾人民的顽强抵抗,伤亡惨重,于是又从本国调集两万多人来到台湾。10月初,日军大举进攻嘉义城。徐骧与嘉义守将组织军民挖掘地道,一直通向敌人营地下,埋设了地雷。一天夜里,地雷爆炸,炸死敌人七百多人。第二天,气急败坏的日寇集中全部炮火轰击嘉义城。最后的决战开始了,徐骧手持大刀挺立城头,高声喊道:"为台湾人民报仇雪恨的时候到了!"敌人发起了总攻,炮声震耳欲聋,浓烟

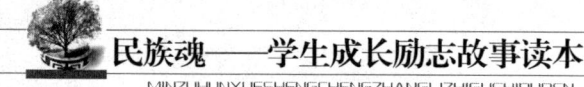
滚滚。徐骧无所畏惧，英勇地指挥作战。一颗炮弹在身旁爆炸，夺去了他的生命。

徐骧用自己的一腔热血，谱写了一曲中国人民反抗外国侵略的壮烈篇章，实现了他生前的豪迈誓言："中华，中华，我所至爱。大丈夫为国捐躯死而无愧！"

▢心灵物语

徐骧为卫国土以身殉国，满腔热血谱写了抗击侵略的壮丽诗篇。后人写了一副挽联：临危不惧，方显中华儿女真本色；为国捐躯，最是人民英雄一片心！可谓是对这位英勇奋战、壮烈殉国的抗日英雄的最佳评价。

▢史海钩沉

清设台湾府

1684年，清政府设置分巡台厦兵备道及台湾府，隶属于福建省。至1811年，台湾人口已达190万，其中多数是来自福建、广东的移民。移民大量开垦荒地，使台湾成为一个新兴的农业区域，并向大陆提供大量稻米和蔗糖，由大陆输入日用消费品和建筑材料等，台湾的经济得到相当程度的发展。这个时期，台湾与福建、广东的来往十分密切，中华文化更加全面地传入台湾。

由于西方列强向中国边疆侵逼，中国出现了边疆危机。1884—1885年中法战争期间，法军进犯台湾，遭刘铭传率军重创。到1885年6月《中法新约》签订，法军被迫撤出台湾。

中法战争以后，清政府为了加强海防，于1885年将台湾划为单一行省，台湾成为中国第二十个行省。首任台湾巡抚刘铭传积极推行自强新政，清理田赋，增加财政收入；购买轮船，架设电报线，设立邮电总局；建造铁路；购买军舰，增设炮台，设立机器局自造武器；成立煤务局，安装新式采煤机器；设立兴市公司，建街造路；创立西学堂、电报学堂，培养建

设人才。刘铭传把众多新式事业集中于一省，使台湾成为当时中国的先进省份之一。

□文苑荟萃

台湾行

（清）黄遵宪

城头逢逢雷大鼓。苍天苍天泪如雨，倭人竟割台湾去。

当初版图入天府，天威远及日出处。

我高我曾我祖父，艾杀蓬蒿来此土。糖霜茗雪千亿树，岁课金钱无万数。

天胡弃我天何怒，取我脂膏供仇虏。眈眈无厌彼硕鼠，民则何辜罹此苦？亡秦者谁三户楚。何况闽粤百万户。

成败利钝非所睹，人人效死誓死拒，万众一心谁敢侮，一声拔剑起击柱，今日之事无他语，有不从者手刃汝。

堂堂蓝旗立黄虎，倾城拥观空巷舞，黄金斗大印系组，直将总统呼巡抚，今日之政民为主，台南台北固吾圉，不许雷池越一步。

海城五月风怒号，飞来金翅三百艘，追逐巨舰来如潮。前者上岸雄虎彪，后者夺关飞猿猱。村田之铳备前刀，当轵披靡血杵漂。神焦鬼烂城门烧，谁与战守谁能逃？

一轮红日当空高，千家白旗随风飘。搢绅耆老相招邀，夹跪道旁俯折腰，红缨竹冠盘锦条，青丝辫发垂云髯，跪捧银盘茶与糕，绿沈之瓜紫蒲桃，将军远来无乃劳？降民敬为将军犒。将军曰来呼汝曹，汝我黄种原同胞，延平郡王人中豪，实辟此土来分茅，今日还我天所教。

国家仁圣如唐尧，抚汝育汝殊黎苗，安汝家室毋嚣嚣。将军徐行尘不嚣，万马入城风萧萧。呜呼将军非天骄，王师威德无不包，我辈生死将军操，敢不归依明圣朝。

噫嚱吁！悲乎哉！汝全台，昨何忠勇今何怯，万事反覆随转睫。平时战守无预备，曰忠曰义何所恃？

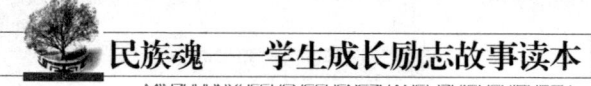

 # 狼牙山五壮士

葛振林（1917—2005年），出生在河北省曲阳县党城乡喜峪村，1937年参加革命，1940年加入中国共产党。1941年9月25日，在河北省易县狼牙山阻击日军战斗中，葛振林与四位战友宁死不屈，壮烈跳崖，他和宋学义被挂在树上，幸免于难。伤愈后，葛振林先后投入解放战争和抗美援朝战争，屡建战功；朝鲜停战后回国，历任湖南省警卫团后勤处副主任、湖南省公安大队副大队长、衡阳市衡南县兵役局副局长、衡阳市人武部副部长、衡阳警备区后勤部副部长，1982年离休。

　　1941年，日军对河北易县的狼牙山抗日根据地进行了连续"扫荡"，制造了田岗、东娄山等多起惨绝人寰的惨案，妄图以凶残的"三光"政策，蚕食我抗日根据地。9月23日，日军分三路向易县进军，妄图包围杨成武司令员指挥的晋察冀军区一分区。24日，3000名日伪军突然包围了狼牙山地区，将邱蔚团及易县、定兴、徐水、满城四个县的游击队以及周围人民群众共2000多人围住，形势十分严峻，邱蔚团长急速将此情况报告杨成武司令员，为解救游击队员与当地百姓，杨成武司令员制定了"围魏救赵"的作战方案，命令3团、20团佯攻管头、松山、甘河一带日军，促使日军从狼牙山东北方向调兵增援，以便被围的游击队员与人民群众从狼牙山东北方向突围。邱蔚团长根据此作战方案将掩护部队转移的任务交给七连。午夜，邱蔚团长指挥部队及当地群众从盘陀路安全地转移到了田岗、牛岗、松岗一带。清晨，日伪军误以为邱蔚团已经被包围，在飞机、大炮的掩护下，500多日伪军凶猛地向狼牙山方向攻来。七连战士早就在敌人必经的路上埋下地雷，炸得日伪军丢下五十多具尸体后慌忙地逃了回去。日军指挥官深信邱蔚团已被围住，命令部队再次疯狂地向狼牙山方向进攻。激战中，七连战士大部分牺牲，连长刘福山身负重伤，生命垂危。为了让大部队再走远些，为了让七连受伤的战士能安全地转移，指导员蔡展鹏命令七连六班留下坚守。

为了拖住敌人，七连六班的五名战士一边痛击追上来的敌人，一边有计划地把大批敌人引上了狼牙山。他们利用险要的地形，把冲上来的敌人一次又一次地打了下去。班长马宝玉沉着地指挥战斗，敌人始终不能前进一步。在崎岖的山路上，横七竖八地躺着许多敌人的尸体。

五位战士胜利地完成了掩护任务，准备转移。面前有两条路；一条通往主力转移的方向，走这条路可以很快追上连队，可是敌人紧跟在身后；另一条是通向狼牙山的顶峰棋盘陀，那儿三面都是悬崖绝壁。走哪条路呢？为了不让敌人发现群众和连队主力，班长马宝玉斩钉截铁地说了一声"走！"带头向棋盘陀走去。战士们热血沸腾，紧跟在班长后面。他们知道班长要把敌人引上绝路。

五位壮士一面向顶峰攀登，一面依托大树和岩石向敌人射击。山路上又留下了许多敌人的尸体。到了狼牙山峰顶，五位壮士居高临下，继续向紧跟在身后的敌人射击。不少敌人坠落山涧，粉身碎骨。班长马宝玉负伤了，子弹都打完了，只有胡福才手里还剩下一颗手榴弹。他刚要拧开盖子，马宝玉抢前一步，夺过手榴弹插在腰间，他猛地举起一块磨盘大的石头，大声喊道："同志们！用石头砸！"顿时，石头像雹子一样，带着五位壮士的决心，带着中国人民的仇恨，向敌人头上砸去。敌人纷纷滚落深谷。

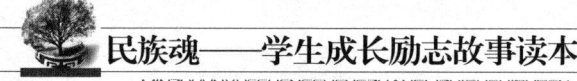
又一群敌人扑上来了。马宝玉嗖的一声拔出手榴弹，拧开盖子，用尽全身气力扔向敌人。随着一声巨响，手榴弹在敌群中开了花。

五位壮士屹立在狼牙山顶峰，先眺望了一下群众和部队主力远去的方向，再看看还在向上爬的敌人，脸上露出胜利的喜悦。班长马宝玉激动地说："同志们，我们的任务胜利完成了！"说罢，他把那支从敌人手里夺来的枪砸碎了，然后走到悬崖边上，像每次发起冲锋一样，第一个纵身跳下深谷。葛振林、宋学义、胡德林、胡福才昂首挺胸，相继从悬崖上跳了下去。狼牙山上响起了他们壮烈豪迈的口号声：

"打倒日本帝国主义！"

"中国共产党万岁！"

这是英雄的中国人民坚强不屈的声音！这声音惊天动地，气壮山河！

▢心灵物语

中国革命的最终胜利，正是因为有许许多多像七连六班一样的战士，他们视死如归，毫无畏惧，义无反顾，为了革命的胜利抛头颅、洒热血，为了中国人民的解放事业而舍生忘死。他们把个人安危置之度外，克服了难以想象的艰难险阻，战胜了强大的敌人。他们的坚强斗志永远激励着中国人民！

▢史海钩沉

地道战

地道战是抗日战争时期，在华北平原上抗日军民利用地道打击日本侵略者的作战方式。经过不断地发展，从单一的躲藏演变成能打能躲、防水防火、防毒的地下工事，并逐渐形成了房连房、街连街、村连村的地道网，形成了内外联防，互相配合，打击敌人的有效作战营垒。

□文苑荟萃

狼牙山

　　狼牙山坐落在易县西部的太行山东麓，距县城45公里，因其奇峰林立，峥嵘险峻，状若狼牙而得名。它由5坨36峰组成，主峰莲花瓣海拔1105米，西、北两面峭壁千仞，东、南两面略为低缓，各有一条羊肠小道通往主峰。登高远眺，可见千峰万岭如大海中的波涛，起伏跌宕。近望西侧，石林耸立，自然天成，大小莲花峰如出水芙蓉，傲然怒放，涧峡云雾缥缈，神奇莫测。狼牙山风光绮丽，漫山遍布苍松翠柏，飞瀑流泉，拥有丰富的动物和植物资源，动物有黄羊、乌鸡、锦鸡等，植物有松、柏、桦、枫等北方树种二三百种之多，徒步游览，可尽享森林浴之妙。秋季金风送爽时，坡岗沟壑之间，红叶吐艳，层林尽染，放眼望去，漫山猩红，可与香山红叶相媲美。如今，这里既是省级爱国主义教育基地，又是一座省级森林公园。

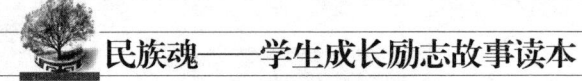

 # 马本斋御敌血战到底

马本斋（1901—1944年），原名马守清，经名尤素夫·马本斋，回族，河北献县人，抗日战争时期八路军冀中军区回民支队的创建人，抗日民族英雄。马本斋自幼聪颖，读过私塾，粗通文墨，后为生活所迫，随父亲到东北，之后投身奉军（东北军）。1924年马本斋入"东北讲武堂"学习，在讲武堂毕业后，从士兵先后任排长、连长、营长，直至升任奉军独立二十一师第四团团长。1931年"九一八"事变后，马本斋因不满蒋介石的不抵抗政策，毅然弃官还乡务农，后来组织"回民支队"坚持抗日。

1937年卢沟桥事变爆发后，马本斋响应中国共产党号召，率领弟弟和几十名群众在家乡组织了"回民抗日义勇队"。他们的行动受到了孟庆山领导的"河北游击军"的支持，很快扩充、改编为"河北游击军回民教导队"。1938年5月，与冀中军区司令员吕正操领导的"回民干部教导队"合并为"回民干部教导部队"，马本斋任总队长。1938年9月，部队在河间整编时扩大到六七百人。10月，马本斋光荣地加入了中国共产党。他在入党志愿书上写道："我决心为回回民族的解放奋斗到底，而回回民族的解放只有在共产党的正确领导下才能实现。"

1939年日寇扫荡华北，马本斋领导的回民支队在河间、青县、沧县地区转战，并在各大清真寺帮助"回民抗战建国会"组织伊斯兰小队，开展敌后游击战争。在日寇对冀中根据地的扫荡中，回民支队与八路军主力纵队和贺龙、关向应率领的一二〇师协同作战，消灭土匪武装共六路。回民支队威震冀中平原，有"攻无不克、无坚不摧、打不垮、拖不烂的铁军"之誉。

1940年，马本斋指挥部队使用围点打援战法取得衡水康庄战争的胜利，又组织精干的小分队巧取深县榆科伪军据点。1941年，为了招降马本斋、消灭回民支队，日军血洗东辛庄后抓走了马本斋的母亲。日军对马母威逼利诱，让她写劝降信说服儿子"归顺皇军"，享受"荣华富贵"。但马母坚贞不屈，为了不让敌人利用自己牵制儿子，马母痛骂汉奸，并以绝食的方式进行抗争，最后光荣牺牲。得知母亲牺牲的消息，马本斋强忍悲痛写下"伟大母亲虽死犹生，儿定继承母志，与日本人血战到底！"的壮语。

1942年6月，马本斋率回民支队转移到冀鲁豫边区，后任八路军冀鲁豫第三军分区兼回民支队司令员，采用游击战术，率部在冀鲁豫平原上进行了大小数百次战斗，取得了"反扫荡"战斗的多次胜利。他勇谋兼备，注意贯彻抗日民族统一战线和民族平等政策，在冀鲁豫地区为粉碎日军扫荡、建立和巩固抗日政权作出了重要贡献。

然而在长期的战争生活中，马本斋营养不良，积劳成疾，突发急性肺炎，1944年2月7日在山东省莘县冀鲁豫军区后方医院（今河南濮阳县小屯村）不幸病逝，终年43岁。

□心灵物语

马本斋母子是壮志不移、坚贞不屈、大节不死、义勇抗日的两代民族英雄，他们豪情壮志任挥洒的抗战精神不仅激励着回族人民，也同样激励着其他民族的抗战热情。他们是回族的民族英雄，也同样是国家的民族英雄。

■史海钩沉

平型关大捷

1937年，国民政府组织太原会战，林彪、聂荣臻率领八路军115师在山西参加会战。115师利用平型关的有利地形，于9月25日伏击日军，歼灭日军坂垣师团1000多人，缴获大批军用物资，取得平型关大捷。这是抗战以来中国军队的第一次大捷，粉碎了日军不可战胜的神话，摧毁了日军直取太原的军事计划，支援了国民党军队正在准备的忻口会战，鼓舞了全国人民抗战胜利的信心。

■文苑荟萃

回族服饰

回族服饰的主要标志在头部。男子们都喜爱戴白色圆帽。圆帽分两种，一种是平顶的，一种是六棱形的。讲究的人，还在圆帽上刺上精美的图案。回族妇女常戴盖头，盖头也有讲究，老年妇女戴白色的，显得洁白大方；中年妇女戴黑色的，显得庄重高雅；未婚女子戴绿色的，显得清新秀丽。不少已婚妇女平时也戴白色或黑色的带檐圆帽。圆帽分两种，一种是用白漂布制成的，一种是用白线或黑色丝线织成的，往往还织成秀美的几何图案。服装方面，回族老汉爱穿白色衬衫，外套黑坎肩。回族老年妇女冬季戴黑色或褐色头巾，夏季则戴白纱巾，并有扎裤腿的习惯。青年妇女冬季戴红、绿或蓝色头巾，夏季戴红、绿、黄等色的薄纱巾。山区回族妇女爱穿绣花鞋，并有扎耳孔戴耳环的习惯。

 # 蔡公时抗日壮烈殉国

> 蔡公时（1881—1928年），别号痴公，江西九江人。1902年蔡公时与好友创办革命团体"慎所染斋"，不久被通缉而东渡日本，入弘文书院求学，后参加同盟会；1905年学成回国，投身反清革命，1908年奉孙中山指示，与黄兴等在广西钦州发动反清起义；1911年积极参加辛亥革命，后任江西省政府交通司长；1913年参加湖口二次革命，被袁世凯通缉，再次东渡日本，就读东京帝国大学，毕业回国后任大元帅府参议；1924年随孙中山北上商议国事，当孙中山病重时，他侍奉在侧，是参加孙中山治丧人士之一。1928年蒋介石率领北伐军进入山东时，蔡公时任国民政府战地政务委员会委员兼外交处主任、特派山东交涉员。他奉命赴济南与日方交涉，惨遭日军刺杀。

蔡公时出生于江西九江一个书香门第，自幼饱读诗书，因仰慕"不为五斗米折腰"的先贤陶渊明，自称粟里蔡郎。

清朝末年，蔡公时眼见国事险危、民生疾苦，于1902年与同乡好友张世膺、徐秀钧在九江创办反清革命团体"慎所染斋"。蔡公时将该团体取名"慎所染斋"意为不仅不要受当时的社会环境影响、腐化堕落，而且要有进取精神，改造这个社会。"慎所染斋"后被清政府关闭，蔡公时遭追缉，不得不与好友一起东渡日本，入弘文书院求学。后来蔡公时由孙中山介绍参加了同盟会，积极参与以《民报》为主要阵地的宣传活动，同时积极筹措经费，联络会党和新军。

1905年，蔡公时与黄兴、谭石屏等人返回国内，投身反清革命。

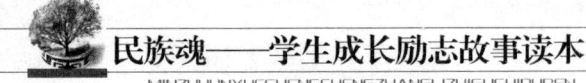

1908年3月，他与黄兴奉孙中山指示，以旅越华侨中的200名同盟会会员为骨干，组成中华国民军南军，在广西钦州发动反清起义。起义军在钦广、上思一带与清兵转战四十余天，最后弹尽粮绝，起义没有成功。蔡公时等人出走安南（现越南），后又返回江西，以教书为掩护，继续宣传革命。

1911年，辛亥革命爆发。10月26日，九江光复，马毓宝、李烈钧等人组织了军政府。此时，南昌尚未光复，蔡公时就在南昌联络同志密谋响应，并派人秘密到九江，向九江军政府汇报南昌的形势，同时敦促攻打南昌。江西巡抚冯汝骙见清王朝气数已尽，便顺应民心，于10月31日宣告起义，成立江西省军政府，蔡公时被任命为江西省交通司长。1917年，蔡公时任广州护法军政府大元帅府参议；1922年，任第五师参议，后改任秘书；1926年，任上海工统委员会委员；1927年5月，任金陵关监督等职。

1928年春，蔡公时任国民革命军总司令部战地政务委员兼外交处主任，随军北伐；5月1日进驻济南，任国民政府外交部山东交涉员。当时日本政府为阻止英美势力向中国北方发展，借口保护侨民，派兵侵占济南。

5月3日，日军寻衅挑起事端，肆意捕杀中国军民，制造了震惊中外的济南"五三"惨案。当天下午，日军将位于济南商埠经四路小纬六路的山东交涉公署包围。此时，蔡公时刚接手交涉公署工作。晚9时，日军50余人持械进入交涉公署内，威逼工作人员交出武器。蔡公时挺身而出，说"我们系外交人员，不携带武器"。日军置国际公法于不顾，蓄意撕毁国民政府旗帜青天白日旗及孙中山画像，强行搜掠文件。

为避免事态扩大，蔡公时婉言要求日军停止搜查，退出公署，并请日领事前来洽商，均遭拒绝。随后，日军以暴力手段将交涉署人员捆缚。蔡公时据理力争，亦遭强行捆绑。蔡公时操日语，严厉谴责日军破坏国际法、粗暴侵犯中国外交机关及外交人员的行径。日军官恼羞成怒，令士兵举起刺刀，对被捆绑的蔡公时等"各人之头面或敲击，或刺削"。蔡公时耳鼻均被割去，血流满面，仍怒斥日军兽行，并高呼："日军决意杀害我们，唯此国耻，何时可雪？野兽们，中国人可杀不可辱！"
同人闻言皆放声大哭，痛骂日军。日军更怒，将蔡公时等17人撕去衣服，
百般凌辱。最后，蔡公时等人全部被枪杀在交涉公署院内，壮烈殉国。

□心灵物语

一生致力于革命、誓死捍卫国家主权和民族尊严的热血英豪蔡公时，
刚刚赴任，就壮烈殉国。他大义凛然、誓死不屈的事迹将永远被人们铭记！

□史海钩沉

北伐战争

北伐战争是中华民国自1926年至1928年间，由国民革命军北进讨伐
北洋政府的战争，使得中国大陆地区统一在由中国国民党领导之国民政府
旗下。国民政府以广东及广西为基地，策略以"打倒吴佩孚，联络孙传芳，
不理张作霖"为主，实行各个击破。进兵湖南，攻占平江、岳阳，歼灭吴
佩孚的军队。北伐军接着从两湖地区挥师东进江西，追击孙传芳，孙军大
溃，精锐尽丧。

1927年3月24日，二军六军占领南京。另一支北伐部队，国民革命军
第一军等从广东出兵福建，于12月占领福建全省，向浙江挺进。1927年2
月底，占领浙江全境。3月22日一军进驻上海。

4月12日发生分共事变，宁汉分裂。4月19日，武汉方面任唐生智为
北伐军总司令继续北伐。5月，南京方面北伐军也继续北伐。7月宁汉合
流。8月中，东路北伐军在徐州失利，蒋中正下野，南京政府被新桂系把
持。月底，何应钦、白崇禧指挥北伐军在龙潭战役中击败孙传芳对南京的
反攻。9月11日，在新桂系及多位国民党元老的主导下，宁汉双方在上海
商谈双方联合，排斥汪精卫，迫其下野。10月爆发宁汉战争。11月爆发
广州张黄事变。

1927年12月3日至10日，国民党中央执行委员会在上海召开国民党

二届四中全会预备会,会议的最后一天,蒋中正复职为北伐全军总司令。1928年1月4日,蒋中正到任,继续领导北伐。北伐军在占领河南之后,取得原属北洋军的冯玉祥、阎锡山等人的加入。1928年4月,奉系军阀张宗昌部在滦州被彻底打垮,亡走大连,孙传芳在北京宣布下野,张、孙残部向北伐军投降。

北伐军行至山东时,日本一度出兵山东,暗助军阀张宗昌,杀害交涉员蔡公时,史称"五三惨案"。此时蒋介石与冯玉祥在济南以南的党家庄车站会晤,决定绕过济南,继续北伐,同时命令济南驻军一律撤出,避免再发生冲突。另一方面进行外交交涉,分别向日军司令、日本外交部严重抗议,并要求日军撤出济南,同时请求英美协助调停。

1928年6月4日,张作霖撤离北京,退出山海关。张的专列在到达沈阳附近的皇姑屯(京奉铁路和南满铁路交叉的三洞旱桥),被日本关东军炸毁,张作霖身负重伤,稍后死亡。

1928年12月29日,张学良在东北通电易帜,宣布效忠南京中央政府,北伐至此宣布成功。

▇文苑荟萃

青天白日旗

青天白日旗是辛亥革命时期制定的第一面旗帜,由兴中会会员陆皓东设计。旗作蓝色,以示青天;旗中置一射出叉光的白日图案。1895年,兴中会为发动广州起义,曾决议以此旗取代清政府的黄龙旗。因广州起义在爆发前遭清政府破坏,旗未使用。1900年,惠州起义首用此旗为标帜。其后尤列在南洋创立中和堂,各会所均悬此旗。当时旗上所列叉光多少不一。后经孙中山解释,称叉光代表干支之数,应排作12,以代12时辰。青色代表光明纯洁、民族和自由;白色代表坦白无私、民权和平等;白日的12道光芒,代表一年12个月,一天12个时辰;也象征着国家的命脉,随着时间的前进永存于世界;更鼓舞国人与时俱进,自强不息。青天白日,取象宏美,中华民国为远东大国,日出东方为之最者,且青天白日,示光明正照自由平等之义。

杨业为国绝食牺牲

杨业（约932-986年），北宋名将，并州太原（今山西太原）人。杨业原为北汉军官，北汉世祖刘崇赐其姓刘，名继业。北宋灭北汉后，杨业随其主刘继元降宋，宋太宗命他复姓杨名业。公元980年，辽兵入侵雁门关，杨业父子绕背夹击，辽兵死伤惨重。公元986年，宋太宗赵光义趁辽国皇帝更换，三路出兵伐辽，杨业战死疆场。

公元980年，辽朝派了10万大军攻打雁门关。那时候，杨业手下只有几千人马，兵力相差很大。杨业是个有经验的老将，知道靠硬拼是不行的，就把大部分人马留在代州，自己带领几百名骑兵，悄悄地从小路绕到雁门关北面敌人后方。

辽兵向南进军，一路上没遇到抵抗，正在得意。忽然，后面响起一片喊杀声，只见烟尘滚滚，一支骑兵从背后杀来，像猛虎冲进羊群一样乱砍猛杀。辽兵毫无防备，又弄不清后面来了多少人马，个个心惊胆战，阵容大乱，纷纷向北逃窜。杨业带兵追赶上去，杀伤大批辽兵，还杀死了一名辽朝贵族，活捉了一员辽将。

雁门关大捷以后，杨业威名远扬。辽兵一看到"杨"字旗号，就吓得不敢交锋。人们给杨业起了个外号，叫做"杨无敌"。

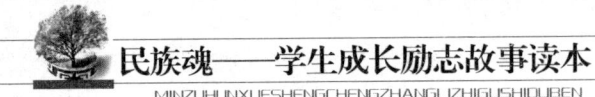
杨业立下大功，也引起一些边防将领的妒忌。有人给宋太宗上奏章，说了杨业许多坏话。宋太宗正要重用杨业，把那些奏章封好了，派人送给杨业。杨业见宋太宗这样信任他，心中十分感动。

过了几年，辽景宗耶律贤死去，即位的辽圣宗耶律隆绪才12岁，由他的母亲萧太后执政。有个边将向宋太宗上奏章，认为辽朝政局变动，正好趁这个机会收复失地燕云十六州，宋太宗接受了这个意见。公元986年，宋太宗派出曹彬、田重进、潘美率领三路大军北伐，并且派杨业做潘美的副将。

三路大军分路进攻，旗开得胜。潘美、杨业一路人马出了雁门关，很快就收复了四个州。

其中曹彬率领的东路军因粮草不济逐渐落后，中路军田重进随后也被打败，宋军败局已定，宋太宗于是命令各路宋军撤退。潘美率领的西路军还有另外一个任务，就是掩护四个州的百姓撤退。

潘美、杨业接到命令，就领兵掩护四个州的百姓撤退到狼牙村。那时候，辽军已经占领寰州（今山西朔州市东），兵势很猛。杨业建议派兵佯攻，吸引辽军主力，并且派精兵埋伏在退路的要道，掩护军民撤退。

监军王侁反对杨业的意见，说：“我们带了几万精兵，还怕他们？我们只管沿着雁门大路，大张旗鼓地行军，也好让敌人见了害怕。”

杨业说：“现在敌强我弱，这样做一定要失败。”

王侁带着嘲笑的口吻说：“杨将军不是号称无敌吗？现在在敌人面前畏缩不战，是不是另有打算？”

这一句话把杨业激怒了。他说：“我并不是怕死，只是看到现在时机不利，怕让兵士们白白丧命。你们一定要打，我可以打头阵。”杨业无可奈何，只好带领手下人马出发了。临走的时候，他流着眼泪对潘美说：“这个仗肯定要失败。我本来想看准时机，痛击敌人，报答国家。现在大家责备我避敌，我不得不先死。”

　　接着，他指着前面的陈家峪（今山西朔州市南）对潘美说："希望你们在这个谷口两侧埋伏好步兵和弓弩手。我兵败之后退到这里，你们带兵接应，两面夹击，也许有转败为胜的希望。"

　　杨业出兵没有多远，果然遭到辽军的伏击。杨业虽然英勇，但是辽兵像潮水一样涌上来。杨业拼杀了一阵，抵挡不住，只好一边打一边后退，把辽军引向陈家峪。

　　到了陈家峪，正是太阳下山的时候。杨业退到谷口，只见两边静悄悄，连宋军的影儿都没有。潘美带领的主力到哪儿去了呢？原来杨业走了以后，潘美也曾把人马带到陈家峪。等了一天，没等到杨业的消息，王侁认为一定是辽兵退了。他怕让杨业抢了头功，催促潘美把伏兵撤去，离开了陈家峪；等到他们听到杨业兵败，又往另外一条小道逃跑了。

　　杨业见约定的地点没人接应，气得直跺脚，只好带领部下转身跟追上来的辽兵展开搏斗，兵士们个个奋勇抵抗。但是辽军越来越多，到了后来，杨业身边只有一百多名兵士，他含着泪，高声向兵士说："你们都有自己的父母家小，不要跟我一起死在这里，赶快突围出去，也好让朝廷得知我们的情况。"

　　兵士们听了这些话，再看看杨业浴血奋战的情景，感动得都流下热泪，没有一个愿意离开杨业。最后，兵士都战死了，杨业的儿子杨延玉和部将王贵也牺牲了。杨业身上受了十几处伤，浑身是血，还来回冲杀，杀伤了几百名敌人。

　　不料一支箭飞来，正射中他的战马，马倒了，把他摔了下来。辽兵乘机围了上来，把他俘虏了。

　　杨业被俘以后，辽将劝他投降。他抬起头叹了口气说："我杨业本来想消灭敌人，报答国家。没想到被奸臣陷害，落得全军覆没。哪还有脸活在世上呢？"他在辽营绝食三天三夜，壮烈牺牲。

■心灵物语

北宋时期，朝廷腹背受敌，杨业奋不顾身、英勇无敌、浴血奋战、舍身为国的精神唤起了许多仁人志士保家卫国的豪情壮志。

■史海钩沉

澶渊之盟

宋真宗景德元年（1004年），辽萧太后与辽圣宗耶律隆绪以收复瓦桥关（今河北雄县旧南关）为名，亲率大军深入宋境。萧挞凛攻破遂城，生俘宋将王先知，力攻定州，俘虏宋朝云州观察使王继忠，宋军凭守坚城。宋廷朝野震动，真宗畏敌，欲迁都南逃，王钦若主张迁都升州（今江苏南京），陈尧叟主张迁都益州（今四川成都）。因同平章事（宰相）寇准、毕士安坚持，无奈亲至澶州督战。辽军至定州，两军出现相峙局面，王继忠乘机劝萧太后与宋朝讲和。辽恐腹背受敌，提出和约，初为真宗所拒。十一月，辽军在朔州为宋军大败，岢岚的辽军因粮草不继撤军。辽军主力集中于瀛州（今河北河间）城下，日夜不停攻城，宋军守将季延渥死守城池，激战十多天未下。辽朝统军萧挞凛、萧观音奴二人率军攻克祁州，萧太后等人率军与之会合，合力进攻冀州、贝州（今河北清河），宋廷则"诏督诸路兵及澶州戍卒会天雄军"。辽军攻克德清（今河南清丰），三面包围澶州（今河南濮阳），宋将李继隆死守澶州城门。辽朝统军萧挞凛恃勇，率数十轻骑在澶州城下巡视。宋军大将张环（一说周文质）在澶州前线以伏弩射杀辽统军使萧挞凛，萧挞凛头部中箭坠马，辽军士气受挫，萧太后等人闻挞凛死，痛哭不已，为之"辍朝五日"。此时宋真宗一行抵澶州。寇准力促宋真宗登上澶州北城门楼以示督战，"诸军皆呼万岁，声闻数十里，气势百倍"。双方于十二月初达成停战协议，宋廷方面由曹利用负责与萧太后谈判，于次年初与辽订立和约。

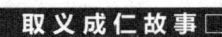

《杨家将》

　　《杨家将》主要讲述杨继业子孙五代，对辽和西夏英勇作战的故事，其中大部分的人和事都是虚构的，比如杨宗保、穆桂英、杨延郎、琼娥公主、佘太君等。但正是这些介于历史、虚构之间的人和故事，大大增添了作品的色彩与趣味，加重了英雄人物的层次感和传奇性，使得杨家将的故事数百年来在民间广泛流传，并深深地扎根在老百姓的心里。可喜的是，作品敢于冲破千百年来的封建束缚，大胆地描写广大妇女在社会上不可缺失的重要地位，比如"十二寡妇征西""穆桂英挂帅""佘太君点将"等等。

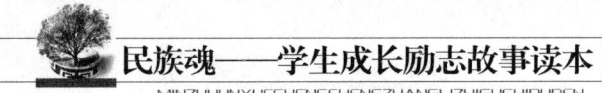

 # 沈括出使谈判保国疆

> 沈括（1031—1095年），字存中，号梦溪丈人，杭州钱塘（今浙江杭州）人，北宋科学家、改革家。晚年以平生见闻，在镇江梦溪园撰写了笔记体巨著《梦溪笔谈》。沈括精通天文、数学、物理学、化学、地质学、气象学、地理学、农学和医学；他还是卓越的工程师、出色的外交家。

沈括，字存中，钱塘（今浙江杭州）人。沈括是我国卓越的科学家，他所著的《梦溪笔谈》是中国科学技术史上一份珍贵的遗产，也是世界科学技术史上的一部杰出的著作，被世界各国科学家称赞为"中国科学史上的坐标"。

沈括也是北宋著名的政治家和爱国者，他出使辽国，据理力争，保卫宋朝疆土的佳话，被后人广为流传。

宋神宗熙宁七年（1074年），北方辽国不断挑起边境争端，并向宋朝提出无理的要求，遭到宋朝的反对和抵制。于是，辽国在边境陈兵百万，杀人烧房，以武力相威胁。面对辽国的挑衅，宋神宗忧心忡忡，如何避免战争又不失疆土，唯一的办法就是派使者赴辽，直接交涉。而能担当起这一艰巨使命的，只有才能出众、成就卓越的沈括。

沈括接旨后，马不停蹄赶回东京，面见宋神宗。宋神宗关切地问："辽方心理难以捉摸，万一中途生变，危及使者安全，卿将何以自处？"其实这一问题沈括在接旨时就已想过，和强盗般的辽国谈判不仅困难重重，而且还要冒极大的风险。谈判的胜负，不仅关系到个人的安危，更关系到宋朝的主权和尊严。在国家安危和个人生死面前，沈括早已作出了抉择，他毫不迟疑地表示："臣只有用一死来回答！"

在作了紧张、周密的准备之后，沈括率领使团离京赴辽。一路上，他们克服重重困难，排除了辽方种种阻挠，终于到达辽国。

辽道宗"设宴"招待宋朝使团。只见宴会厅外刀枪林立，戈矛交叉；宴会厅内廷臣云集，冠盖如云；内外戒备森严，阵势咄咄逼人。望着这杀气腾腾、如临大敌的场面，沈括从容不迫、昂首而立，在使者席上泰然就座。

辽方首先用已经确定的河东地界为由进行试探，被沈括明确的回答顶了回去，"河东地界早已了当，我等此番是奉旨前来回谢"。辽方见沈括答词严谨、无懈可击，便原形毕露，提出了以代州鸿和尔大山一段分水岭为界的要求。这是一个实质性的问题，直接关系到宋朝的领土完整和主权。这个问题早在宋仁宗时就已解决，并专门立石峰为标识。面对辽方无理要求，沈括当场指出辽方于1042年与宋方共同商定以鸿和尔大山北山脚为界的事实，拿出辽顺义军承认以鸿和尔大山北山脚为界和天池子属于宋朝的公文。沈括"以子之矛，攻子之盾"，用辽方自己的文件反击辽方的无理要求，使环座惊愕，为之失色。辽方还想强词抵赖，沈括严正回绝说："你再说千般道理，也无济于事，必须有确实的文字根据。关于鸿和尔，只有这几个字'大山脚下为界'；天池子也只有几个字'地理属宁化军'。此外，就没有什么可谈的了！"辽方见逼索不成，只得中止谈判。沈括首战告捷。

过了几日，沈括再次率员"赴宴"。辽方又一次提出了原来辽方一百多"部族"在天池子牧马之事，想用这一"事实"，胁逼沈括承认他们享有土地主权。沈括马上给予义正词严的批驳，指出：地界文字有明白无误的记载，辽方"不应当过界下帐，而且有照据为凭，岂可不凭文字，只据口说！"辽方见在此问题上无好处可捞，转而重新提出鸿和尔界来纠缠。沈括见辽方已理屈词穷，便开怀畅饮，不加理会。好一会儿，沈括才一针见血地指出：辽方在公文中，故意漏下山脚的"脚"字，现在又处处设防，不敢说出一个"脚"字来。其实，在这次辽使致宋廷的信中，早已承认了这点，即使辽方不承认，也无碍于事。说罢，便起身说："我喝醉了，不及一一回话，且休见怪！"

两次交锋，辽方已无力对阵，但还不甘心就此认输。在以后的几次谈判中，强词夺理、胡搅蛮缠，但都被沈括依据事实驳得体无完肤。前后六次会谈，沈括都是这样丝毫不惧，坚持斗争。在大量事实和雄辩的批驳下，参加谈判的辽臣们满面羞惭，不敢再强争下去，不得不放弃了讨索土地。沈括出色地完成了这次赴辽使命。

■心灵物语

沈括为国家的安危和利益将生死置之度外，临危不惧、据理力争，为大宋争回土地。这种为国家主权和尊严而不畏危险、义勇当先的精神，可敬可叹！

■史海钩沉

王安石变法

熙宁二年二月，王安石任参知政事，设置三司条例司，议行新法；四月，遣刘彝、谢卿材、侯叔献、程颢、卢秉、王汝翼、曾伉、王广廉八人察诸路农田、水利、赋役；七月，立淮浙江湖六路均输法；九月，立青苗法；十一月，颁农田水利条约。王安石的变法对于增加国家收入有着积极的作用，使北宋积贫积弱的局面得以缓解。但王安石急于求成，推行过急，利弊互见，事前缺乏充分的宣传，无法吸引优秀的人才一并参与变法，并遭到许多守旧官员反对，在执行的过程中又用人不当。王安石又自视过高，不愿接纳别人的意见。并且触动了大地主大官僚阶级的利益，遭到他们的强烈反对，司马光曾经多次上书皇帝取消新法。随着改革深入，变法最大的支持者宋神宗发生动摇，熙宁七年（1074年）王安石第一次罢相，出知江宁府。变法运动由韩绛、吕惠卿等人继续执行。吕惠卿师心自用，引起朝中大臣的不满。熙宁八年二月，召王安石回京复职，继续执行新法。熙宁九年（1076年）爱子王雱病逝，王安石求退金陵，潜心学问，不问世事。

□文苑荟萃

《梦溪笔谈》

《梦溪笔谈》是北宋科学家沈括的笔记体著作，是中国科学技术史上的一部重要文献。本书收录了沈括一生的所见所闻和见解，共26卷，再加上《补笔谈》3卷和《续笔谈》1卷。内容涉及天文学、数学、地理、物理、生物、医学和药学、军事、文学、史学、考古及音乐等学科，可以说是一部集前代科学成就之大成的光辉巨著，备受中外学者的推崇。

平民魏胜举义抗金

> 魏胜（1120—1164年），南宋勇将，字彦威，宿迁（今江苏宿迁西南）人。魏胜出身农家，早年曾为弓箭手，胆略过人、骁勇善战。绍兴三十一年（1161年）七月，魏胜聚众300人起义抗金，攻克涟水（今属江苏），智取海州（今江苏连云港西南），乘势收复附近诸县，自以知州兼都统制的名义，招募义勇，整训队伍，声势大震。十一月，金军偷袭清河口，魏胜孤军无援，苦战竟日，中箭身亡。

在金兵的不断侵袭下，南宋王朝节节败退，金军铁骑所踏过的地方，房屋被烧了、居民被杀了、庄稼被毁掉了，所留下的是一片片的焦土和一座座的空城。然而在淮北某个村落的打麦场上，却是另一番景象，村民们正手持木棒挥舞铁锹在喧闹声中认真操练。虽已是深冬，生龙活虎的小伙子们只穿着单衣，可头上仍冒着腾腾的热汗……

突然一个铜钟般的嗓音压倒了众人的声音，一个浓眉大眼、身材粗壮的人跳到高处对大家喊道："像我等七尺男儿，不能保家卫国，还有什么颜面活着。金兵若来，我们一定要组织起来，打退他们，大家有没有这个勇气？"

"有！"众人齐声回答。

此人就是家住宿迁县的魏胜。他武艺高强，为人正直勇敢且又精于

计谋，因此名震四方，身边常常簇拥着一批血气方刚的崇拜者。

看到金兵入侵和烧杀，魏胜义愤填膺、怒火中烧，便自动组织一批人练习武艺，以图有一天能抗击金军，报效祖国。

这一年，金军打到山东，魏胜看到时机成熟，就把手下300多人编成一支队伍，自己担任统帅，随时准备抗击金军。山东诸县的人民听到魏胜起兵的消息纷纷跑去归附，旬日之间就聚集了几千人。

当时金兵正围攻苍山县的一个营寨，魏胜决定乘敌不备突然袭击。在一个漆黑的夜晚，他先带着一小队人马悄悄摸到了苍山下金兵的军营。不幸的是敌人已有了准备，魏胜发现自己中了埋伏，就决定后撤，但这时已经晚了，敌人从四面八方杀了过来。他一边组织大家突围，一边挥舞大刀在后面掩护。大刀所到之处，金兵人仰马翻，一会儿就倒下了一大片。

突然敌军中有人叫道："围住那个拿大刀的，他就是头领。"

渐渐地，有几百人把魏胜包围起来。但他毫不畏惧，反而愈战愈勇。正当激烈冲杀的时候，突然一支冷箭射了过来，正中魏胜的面门，他疼得晃了几晃，险些倒下。金兵这时又围了上来，准备捉活他。但魏胜一咬牙，连血带肉地拔下那支箭，把它扔向敌群，大吼一声，又战了起来。吼声把敌人都惊呆了，几百人吓得一哄而逃。这时魏胜的大队人马赶来，大军奋勇冲杀，苍山之围很快解除了。

接着，魏胜又乘胜追击，收复了许多失地。此后，魏胜的名字便在四乡八邻中传颂开来，敌人一听说魏胜来了，就吓得心惊胆战，不战而逃。看到这种情况，魏胜特意让人制了几十面旗子，写上自己的名字，交给诸将带上，等与金兵相持不下的时候，就把旗子打开。敌人一看是魏胜的旗，便一哄而散。

心灵物语

魏胜作为一介平民，不受国家俸禄、没有官职在身，却能奋勇忘身，组织民众保家卫国、抗击敌人，这种民族大义足以流芳千古。

■史海钩沉

方腊起义

方腊起义是北宋末的一次农民起义。宋徽宗赵佶时，歙州（今安徽歙县）贫苦农民方腊（方十三）到睦州青溪县（今浙江淳安西北）万年乡帮源峒保正方有常家当佣工。当时宋徽宗、蔡京、童贯一伙贪得无厌地压榨人民，赋役繁重，"人不堪命，遂皆去而为盗"。宣和二年（1120年）十月初九，方腊假托"得天符牒"，率领农民杀死方有常一家，以帮源峒为据点，聚集贫苦农民，号召起义。起义军获得广大农民的热烈拥护和响应，义军的骤然兴起切断了宋王朝的经济命脉。宋徽宗万分惊恐，派兵镇压。后来义军节节败退，宣和八月二十四日，方腊及其妻邵氏、子方亳（二太子）、丞相方肥等三十多人力竭被俘，解往汴京，英勇就义。

■文苑荟萃

《清明上河图》

中国十大传世名画之一。北宋风俗画作品，宽24.8厘米，长528.7厘米，绢本设色，是北宋画家张择端存世的仅见的一幅精品，属一级国宝。《清明上河图》生动地记录了中国12世纪城市生活的面貌，这在中国乃至世界绘画史上都是独一无二的。作品以长卷形式，采用散点透视的构图法，将繁杂的景物纳入统一而富于变化的画卷中。画作主要分为两部分，一部分是农村，另一部分是市集。画中有814人，牲畜83匹，船只29艘，房屋楼宇30多栋，车13辆，轿14顶，桥17座，树木约180棵。往来人等衣着不同，神情各异，栩栩如生。其间还穿插各种活动，注重情节，构图疏密有致，富有节奏感和韵律的变化，笔墨章法都很巧妙，颇见功底。

 # 文天祥"留取丹心照汗青"

> 文天祥（1236—1283年），南宋末期吉州庐陵（今江西吉安县）人，民族英雄，初名云孙、字天祥，选中贡士后换以天祥为名，改字履善；宝祐四年（1256年）中状元后再改字宋瑞，后因住过文山，而号文山。文天祥以忠烈名传后世，受俘期间，元世祖以高官厚禄劝降，文天祥宁死不屈、从容赴义，生平事迹被后世称许，与陆秀夫、张世杰被称为"宋末三杰"。他晚年的诗词，风格慷慨激昂，苍凉悲壮，具有强烈的感染力，反映了他坚贞的民族气节和顽强的战斗精神。文天祥在狱中写作大量诗词，《过零丁洋》《正气歌》等作品已成为千古绝唱，是中华民族精神的象征。

　　南宋末年，国都临安（今杭州）偏安于淮水以南，而此时女真、西夏各具势力范围，南宋与其政权并立，国势弱小。1271年，北方蒙古族结束了内部争权夺利、自相残杀的局面，建立了元朝，把斗争矛头直指南宋。1273年，元朝丞相伯颜统率20万大军攻下襄樊，并以此为突破口，顺江而下，不到两年便已逼近南宋首都临安。蒙古兵所过之处尸横遍野，血流成河，农田荒废，百业凋敝。南宋面临着亡国灭种的严重威胁。

　　南宋朝廷长期为投降派所把持，宰相贾似道以称臣、割地和岁纳银绢为条件，暗中屈膝求和。蒙古丞相伯颜意在灭宋，并不停止南侵。1275年，元军将贾似道13万大军消灭，南宋朝廷便再无可用之兵。此

时年仅四岁的宋恭帝在位，太皇太后谢氏临朝听政，不得不发出"哀痛诏"，号召四方六合迅速举兵"勤王"。

文天祥当时担任赣州知府，他"捧诏涕泣"，并立即行动，在两三个月内便组织了第一支近万人的"勤王"队伍，几经周折，赶到了临安。1276年，也就是南宋德佑二年，正月十八日，伯颜兵临皋亭山，南宋左相留梦炎早已投降叛变，其他大臣有的也已经投降。伯颜虽愿受降，却要南宋右相陈宜中去元营洽谈，陈宜中胆小如鼠，当天晚上便逃之夭夭。此时国中只有文天祥一人可用，他毅然临危受命，但不是去请和投降，而是观察敌营虚实，以谋划救国之策。但是他没有想到，当他被伯颜扣押不能返回宋营时，他的义兵被投降派命令解散。敌人的凶残不曾使文天祥受困，昏庸无能的朝廷和卖国求荣的投降派却使他遭到了第一次严重的挫折。

二月初九，文天祥被押解送往元大都（今北京），行至京口（今镇江），在义士的解救之下逃脱了虎口。据他在《指南录后序》所记，至少有18次幸免于死，经过千辛万苦，于四月初八逃到了温州。此时他听说度宗的两个儿子（即恭帝的两个兄弟）已逃到福州，于是立即上书劝进。不久，文天祥便被诏至福州，出任右丞相兼枢密院事，后又任命为同都督。七月，文天祥便在南剑州（今福建南平）打起帅旗，号召四方英雄豪杰起兵，收复失地。次年三月，文天祥统兵进军江西，收复南部数十州县，同时围困赣州，湖南、湖北义军也都挥旗响应，震撼江南，鼓舞了人民的反侵略意志，使元统治者大为惊慌。元朝急忙调动40万大军来解赣州之围，另又派兵五万追击文天祥。文天祥的部队不过5000余人。八月，在空坑的战斗中，文天祥的部将有数十人牺牲，文妻及子女都被俘虏。赵时尝在紧急中假扮文天祥，吸引了元军，文天祥才得以逃脱，而赵时尝随即被杀。这是文天祥在一年多时间内所遭遇的第二次重大挫折。

但是文天祥并没有灰心丧气，他下定决心抗元到底。1278年11月，他收拾残余部队，并加以扩充，移兵广东潮阳，但不幸在12月20日的五坡岭战斗中又失败了。文天祥自认为难以逃出重围，当即吞下了随身携带的冰片，以求一死，免遭侮辱。但他并未"如愿以偿"，在昏迷中被俘了。文天祥被囚于零丁洋的战船中，次年正月，元军元帅张弘范攻打崖山，逼迫文天祥招降坚守崖山的宋军统帅张世杰。于是，文天祥写了《过零丁洋》一诗，"人生自古谁无死，留取丹心照汗青"，充分表达了他以死报国、舍生取义的崇高精神。

伯颜把他扣押在北营时，他便明白地告诉伯颜："我文天祥只求以死报国，与宋朝同生同死，无论什么严刑拷打，我都无惧无怕。"元帝忽必烈先后派阿合马、孛罗劝降文天祥，都遭到了文天祥的强力斥责。

临刑前夕，皇帝忽必烈亲自出马劝降，以宰相之职诱降，妄图使文天祥投降，但同样遭到文天祥严厉拒绝。忽必烈只好问他，那你究竟要什么呢？文天祥回答说："只愿一死就足够了！"文天祥这种以身殉国、视死如归的伟大精神使得敌人束手无策，一筹莫展。

1283年1月9日，文天祥在大都柴市口英勇就义。

□心灵物语

在国家危亡之时，文天祥把国家民族利益看做最高的利益，对投降派和奸佞之徒毫不留情。文天祥留下的"人生自古谁无死，留取丹心照汗青"名句世代传诵。

□史海钩沉

靖康之乱

12世纪最初的25年，在中国是宋朝宋徽宗统治时期。宋徽宗是历史上有名的风流天子和昏君，他使北宋的政治进入最黑暗、最腐朽的时期。宣和元年（1119年）和宣和二年，先后爆发了宋江、方腊领导的两次大的农民起义。宋徽宗虽然镇压和瓦解了这两次农民起义，度过农民革命带

来的一场统治危机，但是中国东北地区女真族的兴起，却使北宋王朝面临覆灭的命运。女真族杰出首领完颜阿骨打在公元1115年称皇帝，建立金朝。金崛起后，占领了辽国的许多土地，后来金和北宋联合夹攻辽。在公元1125年，金军俘获辽的皇帝，辽国宣告灭亡。金灭辽以后，看到北宋统治腐朽，防备空虚，就在灭辽的当年冬天挥军南下，大举进攻北宋。公元1127年，金军攻陷北宋的都城东京，掳走宋徽宗、宋钦宗以及后妃、宗室、大臣等3000多人，北宋灭亡，历史上称这一变故为"靖康之变"。

北宋灭亡的同一年，宋钦宗的弟弟赵构在应天府做了皇帝，后来定都临安。这就是历史上的"南宋"。

□文苑荟萃

南宋官窑

南宋官窑瓷既继承了北宋汴京官窑瓷、河南汝官窑瓷等北方名窑的造型端庄简朴、釉质浑厚的特点，又吸收了南方越窑、龙泉窑等名窑的薄胎厚釉、釉面莹沏、造型精巧之特点。北艺南技的结合，创造了我国青瓷史上的顶峰，而且对世界文化艺术方面也是一个伟大的贡献。南宋王朝覆灭之后，官窑被毁，工匠失散，技艺失传，故传世珍品较少。

第三篇
深明大义以身酬国

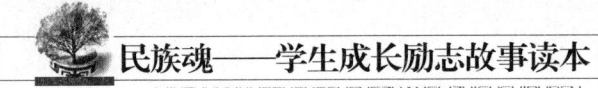

 # 石碏大义灭亲

> 石碏（生卒年不详），春秋时卫国大夫。卫桓公十六年（前719年），公子州吁袭杀桓公，自立为卫君，其子石厚参与其谋。他把州吁与石厚诱到陈国，请陈人捉住杀死。

春秋时，卫庄公娶了齐国太子得臣的妹妹，名叫庄姜。庄姜容貌美丽却没有孩子，卫国人为她作了一首《硕人》的诗。后来，卫庄公又从陈国娶了个女子，名叫厉妫。厉妫生下孝伯，孝伯很早就死了。厉妫随嫁的妹妹戴妫生了卫桓公，庄姜就把桓公当成自己的儿子。

公子州吁，是庄公宠妾的儿子，受到庄公宠爱并且喜欢武事，庄公也不禁止，庄姜很讨厌他。刚正不阿的大臣石碏向庄公进谏说："我听说疼爱孩子，应该用正当的道理去教导他，不要让他走上邪路。骄横、奢侈、淫乱、放纵，是导致邪恶的四种毛病。这四种毛病的产生，是由于给他的宠爱和俸禄都过了头。国君如果要立州吁为太子，那就确定他的地位；如果还没有拿定主意，这样做会酿成祸乱。大凡受到宠爱而不骄横、骄横而能安于地位下降、地位下降而不产生怨恨、产生怨恨而能够克制的人，这种人是很少的。而且，低贱妨害高贵、年轻欺凌年长、疏远离间亲近、新进离间故旧、弱小压迫强大、淫邪败坏道义，这是六种违反常理的事。国君行事得当、臣子奉行君命、父亲慈爱儿子、儿子孝顺父母、兄长爱护弟弟、弟弟敬爱兄长，这是六种顺应常理的事。违背常理是祸患降临的原因。作为统治民众的君主，应该尽力除去祸患，而您却让祸患降临，不能这样！"

卫庄公听不进去。石碏的儿子石厚和州吁交往，石碏加以制止，但制止不了。等到卫庄公死后，卫桓公即位时，石碏就告老退休了。这时骄横霸道的州吁一心想杀死哥哥桓公夺取君位。

卫桓公四年的春季，在石厚的积极策划下，州吁杀掉了卫桓公自己做了国君。州吁封石厚为上大夫。

州吁想让百姓承认他的君位，于是石厚就向石碏请教安定君位的办法。石碏说："朝见周天子就能够安定君位了。"石厚问："用什么办法能朝见周天子呢？"石碏回答："陈桓公正受到周天子的宠信，陈国和卫国关系密切。如果去朝见陈桓公，让他向周天子请求，就一定能办到。"石厚就跟着州吁到陈国去。

石碏和陈国的大夫子针非常要好。在州吁动身之前，石碏已写了一封书信，命心腹之人送给子针。书信大致是说："卫国不幸，竟然有弑杀君主的祸事。这虽然是州吁干的，但是与我忤逆的儿子石厚也有关系。希望可以借助贵国的力量，诛杀两个逆贼，天下大幸。"子针于是和陈桓公定下擒拿州吁的计谋。

州吁、石厚来到了陈国，在太庙与陈国君臣见面。石厚先到，只见门口有一块牌子，上面写着："为臣不忠，为子不孝者，勿入此门。"石厚吓出了一身冷汗，问子针："这是何意？"子针说："此乃先君的遗训。"大家入座以后，只见子针站起来大声喝道："奉天子之命，擒拿州吁、石厚两名逆贼，其余俱免。"石厚赶忙拔剑，一时着慌，剑怎么也拔不出来。早有几十名士兵冲了出来，把州吁、石厚两人绑了。

马上要把州吁、石厚两人带上刑场。大家说："石厚乃石碏的亲儿子，不知石碏心里如何打算？"陈桓公于是将州吁、石厚分两处监禁，并派人到卫国听取石碏的意见。

石碏这些天都未曾出门，听说陈国的使者来了，赶紧召集诸位大臣，将设计捉拿州吁、石厚的事跟大家说了。石碏说："两人都犯下了不可赦免的罪行，谁愿意为我走一趟？"大家都说："州吁是首犯，应该正法；

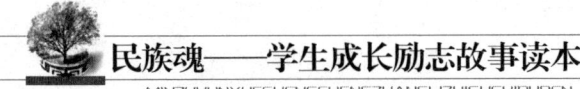

石厚是从犯，可从轻发落。"石碏说："州吁罪大恶极，我那逆子助纣为虐，我绝不能为此事徇私情。"于是派人前往陈国处决了州吁和石厚。

■心灵物语

人们常说"虎毒不食子"，但在大义面前，就算是自己的儿子也不能纵容，所谓"天子犯法与庶民同罪"，卫国石碏为报主恩，不徇私情、大义灭亲，实在令人敬佩！

■史海钩沉

百家争鸣

百家争鸣是指春秋战国时期，知识分子中不同学派的涌现及各流派争芳斗艳的局面。《汉书·艺文志》将战国主要思想学派分为十家——儒、墨、道、法、阴阳、名、纵横、杂、兵、小说。西汉人刘歆在《七略·诸子略》中将小说家去掉，称为"九流"。俗称"十家九流"就是从这里来的。

■文苑荟萃

春秋五霸

从公元前770年到前476年，历史上称为春秋时期。在这290多年间，社会风雷激荡，可以说是烽烟四起，战火连天。仅据鲁史《春秋》记载的军事行动就有480余次。司马迁说：春秋"弑君三十六，亡国五十二，诸侯奔走不得保其社稷者，不可胜数"。相传春秋初期诸侯列国140多个，经过连年兼并，到后来只剩较大的几个。这些大国之间还互相攻伐，争夺霸权。春秋时期，周天子失去了往日的权威，天子反而依附于强大的诸侯。一些强大的诸侯国为了争夺霸权，互相征战，争做霸主，先后称霸的五个诸侯叫做"春秋五霸"。

李膺被诬慷慨就义

> 李膺（110—169年），字元礼，颍川襄城人，出身于东汉时的官僚地主家庭。李膺饱读诗书，满腹经纶，能传授学业，能带兵打仗，曾为司徒胡广所看中，历任青州刺史和渔阳太守等职。当时鲜卑族屡犯边塞，又起用李膺为乌桓校尉。他身先士卒，不避矢石，每破鲜卑。李膺后因事免官，回家乡纶氏，设馆教书。永寿二年（156年），鲜卑侵扰云中，桓帝不得不重新起用李膺为度辽将军。李膺一到边境，慑于他的威望，鲜卑望风臣服。李膺后因得罪宦官而死。

在一个月黑风高的夜晚，汉朝京城洛阳的人们都已入睡了，街头死一般的寂静。突然，远处传来狗的狂吠声，紧接着街上响起一阵杂乱的脚步声和钩剑的撞击声。

差役们又要抓人了。

与此同时，一家深宅大院内一片忙乱，大家都着急地催促一个官员模样的人赶快逃走。那人却沉稳镇定，反而安慰家人说："临事不怕危难，有罪不避刑罚，这是做臣子的气节。我如果逃走，正说明害怕对手，我也不能因怕死而放弃正义呀！"他坚决不离开，不久就被抓走了。

这人就是李膺。他在与宦官和外戚的斗争中被人陷害，因而被捕。李膺为人正直，个性孤傲，不爱随意与人交往。但由于他学问高深，在社会上的名气很大，再加上他那不与世俗同流合污的品格，一般人都以能与他交往为荣。一旦受到李膺接待，就感到身价倍增。在当时，宦官和外戚交替把持政权，下层官员虽然对此深恶痛绝，但也只是敢怒不敢

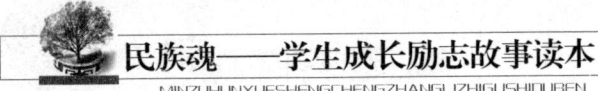

言。李膺却不怕这一套，他在任司隶校尉期间，严格执法、不避强暴，令宦官望而生畏。

宦官张让的弟弟张朔，仗着他哥哥的权势，贪暴残忍、无恶不作，甚至杀害孕妇取乐。李膺听说后，义愤难平，派人把他捕来立即处死。

张让仗着自己得宠于皇帝，哭着请求皇帝处死李膺。皇帝质问李膺为什么先斩后奏，他回答说："过去孔夫子做鲁国司寇，上任七日就诛死少正卯。今日臣到任已几十天了，才把横行霸道的张朔处死。我以为自己除害不速而有过，想不到会因及时处死一个祸害而获罪。反正我已惹祸，死期快到了，特请求皇上再让我多活几日，除掉祸首张让，然后即便把我烹煮而死，我也心甘情愿。"

这番话说得皇帝哑口无言，只得埋怨张让说："这是你弟弟的罪过，怎能怨别人呢？"

此后大小宦官对李膺都很畏惧。李膺义无反顾地打击横行霸道的宦官势力，招来了宦官的忌恨。但也赢得了众多士人的敬仰和拥护。那些宦官对他的忌恨却越来越深，时刻都想置他于死地。

后来宦官集团指使人诬告李膺笼络太学游士，交结门徒，结成朋党，诽谤朝政。李膺被捕，不久就被判了死刑。

临刑前，他的夫人到狱中去探监，哭着说："你这样无罪而被判死刑，老天真是不长眼，留下我和孩子该怎么办呀？"

李膺安慰她说："这样无罪而死，不是很好吗？有罪被判刑，那才对不起你和孩子。希望你把孩子照看好，长大以后让他知道他父亲是怎样一个人就行了。"

李膺被押上了刑场。行刑时，他满脸正气、镇定自如，把平时凶狠的刽子手震慑得两手发软，迟迟下不了手。李膺长得身材高大，想砍下他的头也不容易，刽子手就逼他先跪下，然后再动手。但他坚决拒绝："我自知没做错什么事，让我跪着死绝对做不到。"

刽子手无奈，只好请求李膺坐在地上，然后才把他杀了。

百姓深深敬仰他这种大义凛然的气度。他死后，大家自愿结队为他送葬。

□心灵物语

"人固有一死，或重于泰山，或轻于鸿毛。"李膺为扬善，不卑躬屈节；为惩恶，置生死于度外。这种为正义，深明大义、惩恶扬善的死，不是比泰山还重吗？

□史海钩沉

三公九卿制

三公指太尉、司徒、司空，他们的品级最高，名义上的职责是辅导皇帝主持国家政务；三公之上还有太傅，其职责是辅导皇帝，但不常设。东汉的实际政务都同属尚书台，因此，三公、太傅如没有"录尚书事"的头衔，就是没有实权的虚职。三公的属官有长史一名，掾属、令史、御属各二三十名。其中，长史是三公的主要副手，掾、属是分管具体事务的部门负责人（掾是正职，属是副职）。除长史由朝廷任命外，其他属官均由三公自行聘用。九卿是太常、光禄勋、卫尉、太仆、廷尉、大鸿胪、宗正、大司农、少府。他们各自分管不同的政务，太长掌典礼，光禄勋、卫尉掌宫省禁卫，太仆掌皇帝车马，廷尉掌司法，大鸿胪掌接待诸侯与少数民族，宗正掌皇族事务，大司农掌国家财政收支，少府掌皇帝器用服饰。九卿各官的长官是卿，副职为丞；其下分设各官管理具体事务，大体以令为正职，丞为副职。

□文苑荟萃

造纸术

中国是世界上最早发明纸的国家。东汉元兴元年（105 年）蔡伦改进了造纸术。他用树皮、麻头及破布、渔网等植物原料，经过挫、捣、抄、烘等工艺制造的纸，是现代纸的雏形。自从造纸术发明之后，纸张便以新的姿态进入社会文化生活之中，并逐步在中国大地广泛使用，以后又传到世界各地。根据考古发现，西汉时期（公元前 206 年—前 8 年），我国已经有了麻质纤维纸。但因质地粗糙，且数量少，成本高，因此未得普及。

谭嗣同血洒中华

谭嗣同（1865—1898年），字复生，号壮飞，又号华相众生、东海褰冥氏、廖天一阁主等，湖南浏阳人，清末巡抚谭继洵之子。谭嗣同善文章，好任侠，长于剑术，是著名维新派人物。谭嗣同1898年参加戊戌变法，变法失败后，于1898年9月28日在北京宣武门外的菜市口刑场英勇就义，同时被害的维新人士还有林旭、杨深秀、刘光第、杨锐、康广仁。六人并称"戊戌六君子"。

谭嗣同少怀大志，能文章，通剑术，为人慷慨。他5岁就开始苦读四书五经之类的典籍。从10岁起，即拜笃好经世之学的欧阳中鹄为师，后又在当时名扬幽燕的侠客大刀王五（王正谊）门下学艺。从欧阳中鹄和大刀王五身上，谭嗣同学到了广博的知识、精湛的武艺。

谭嗣同的父亲谭继洵在各地做地方官，他随父亲到过甘肃、新疆和台湾，漫游了黄河两岸和大江南北，走了八万多里。这不仅使他开阔了眼界、加深了对祖国的热爱，也使他亲眼看到了广大人民饥寒交迫的生活情景，从而产生了挽救民族危难、为祖国的进步事业献身的念头。

后来，谭嗣同到北京找到梁启超，两人成了朋友。梁启超对谭嗣同十分佩服，写信给康有为说："谭嗣同才识明达，魄力绝伦。我见过的人很多，其中不乏有抱负的人物，但要数谭嗣同为第一。"

不久，谭嗣同写了有名的《仁学》这部书，反对封建伦理道德，号召人们冲破封建伦理的罗网。

谭嗣同的这种思想，同当时的康有为不谋而合。

光绪二十年（1894年），谭嗣同更进一步意识到接受西方先进技术的必要性，因而倾其全力研究西学。此时，他已阅读大量现有的自然科学译著，并在数学领域表现出非凡的才能。在家乡他发起创立了一个算学社。面对顽固守旧官绅的攻击压制，他不屈不挠、无所畏惧。后来，谭嗣同应邀回湖南，协助巡抚陈宝箴举办新政。陈宝箴主湖南新政，朝气蓬勃，想以湖南开东南新政之先。同时，谭嗣同故交、湖南省学政徐仁铸也在倡导新学。

是年七月，黄遵宪署理湖南按察使。他曾长期任驻美国、英国及日本外交官，接受过新思想，因此也是维新运动的重要骨干。

与此同时，谭嗣同办起了宣传变法的《湘学新报》，这是湖南开办的第一份报纸。

谭嗣同还任南学会会长，不仅主持会务，并且在该会举办的集会上做过多次颇有影响的讲演。南学会的宗旨，在于团结南方一切重要维新人士，探讨如何使中国富强，如何把发源于湖南的新思潮发扬光大。经过各方面努力，湖南各界人士扩大了眼界，因而置轮船、兴实业、筹办铁路，风风火火地做起实事。

从此，谭嗣同的名声越来越大，维新派大臣徐致清向光绪皇帝推荐了他。光绪皇帝召见了谭嗣同，让他和杨锐、林旭、刘光第四个人到军机处办事，主持变法。

变法蓬勃地开展起来了，却触怒了掌权的慈禧太后。慈禧决定废掉光绪皇帝，自己垂帘听政。光绪皇帝感到自己的处境非常危险，立即写了一封密诏给康有为。

上面写着："我的皇位可能保不住了。你们要快些想出妥善的办法搭救。我现在十分着急，就指望你们了。"

八月初一，慈禧的心腹荣禄手下的大将袁世凯到北京来了。在这以前，康有为曾经向皇帝推荐过袁世凯，说他是个了解洋务又主张变法的新派军人。如果能把他拉过来，变法的力量就增强了。

光绪皇帝也觉得康有为他们不过是书生，无权无势。变法要成功，

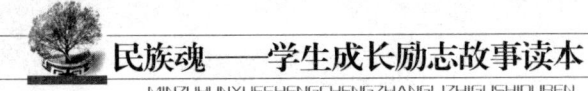

非有军人支持不可，就命令袁世凯进京接受召见。这一天，他召见袁世凯以后，马上就给了他侍郎的官衔。

荣禄注意到皇帝在拉拢袁世凯，马上调动自己的亲信部队进驻北京和天津，切断了住在天津小站的袁世凯进京的通道。

光绪皇帝在八月初二又写了一封密诏交给林旭。林旭连忙把三天以前那份密诏也带着出宫交给了康有为。

康有为和谭嗣同等人看了第一份密诏，立刻紧张起来，接着又看第二份，那上面写着："形势已经大变，康有为等要立即出京。你们要爱惜身体，将来才能为国办大事，建立功业，也不负我的希望了！"

康有为读完，已经泣不成声，其他人跟着大哭起来。

哭了一会儿，康有为说："要解救皇上，只有干掉荣禄。听说皇上已召见过袁世凯了，他现在还在北京。"谭嗣同立刻站起来说："让我去见他！"

八月初三深夜，谭嗣同单独到袁世凯在北京的住处去见了他。两个人寒暄了几句之后，就谈起了光绪皇帝召见的事。

谭嗣同试探着问："你对皇上的印象怎么样？"

袁世凯感慨地说："没说的，当今皇上是从来没有过的贤明君主。"谭嗣同不再犹豫了，马上取出光绪皇帝的密令给袁世凯看，又诚恳地说："现在皇上大难临头，只有你有能力救他。你既然忠于皇上，就应该竭尽全力搭救。"

接着又说："你如果贪图富贵，就请到颐和园去向太后告密。把我杀了，你就可以升官发财！"

袁世凯站起来，正颜厉色地说："你把我袁世凯当成什么人了？我一定会听从皇上调遣。"

谭嗣同听了袁世凯信誓旦旦的保证后就回去了，第二天袁世凯便回了天津。他一下火车就去见荣禄，把谭嗣同夜访的事一字不漏地告诉了他。荣禄听得变了脸色，当天就坐专车到北京去颐和园面见慈禧太后。

慈禧太后马上动手，把光绪皇帝幽禁在瀛台（今中南海）里。接着，

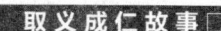

她又命令逮捕那些维新派人士和官员。

事变发生的时候，谭嗣同正和梁启超在住处商谈。有人进来报告说："大事不好了！皇上已经被太后软禁起来。朝廷已经下令逮捕康先生，现在正派人四处搜查呢！听说没有抓住康先生，就把他的弟弟康广仁抓走了。"

谭嗣同听了，心里像刀扎似的难受。他知道变法已经失败了，可他毫不慌张，从容地对梁启超说："我是不怕死的，就让他们来捉拿吧！"

梁启超说："那怎么能行呢？还是逃吧。"

谭嗣同回答说："有逃命的人，我们的事业就不会中断；没有流血牺牲的人，就不能报答皇上对我们的恩情。你快走吧。"

梁启超急忙离开了谭嗣同的住所，后来辗转去了日本。

梁启超走后，谭嗣同和他的老师大刀王五准备营救光绪皇帝。无奈宫禁森严，囚禁皇上的瀛台更是四面环水、无法接近，只好无功而返。谭嗣同看到无法营救光绪皇帝，就决心以身殉国，整天在自己的书斋里看书，静候捉拿他的人。这时候，有朋友劝他说："你赶快离开北京，还是避避风头，到日本或者南方再说吧！"

他父亲谭继洵也写信劝他快点逃命。谭嗣同毅然拒绝了劝告，他对朋友们说："各国变法，都是经过流血才成功的。中国还没有听说有因为变法而流血的人，这就是国家不能进步昌盛的原因。既然如此，为变法而流血的事，就从我谭嗣同开始吧！"

过了几天，荣禄派人逮捕了谭嗣同，把他押入了监牢。谭嗣同在牢房里从容自若。他在墙上题了一首诗："望门投止思张俭，忍死须臾待杜根。我自横刀向天笑，去留肝胆两昆仑。"意思是说，虽然死亡等待着我，但能为国家和民族利益而死，我感到自豪。我和康有为先生肝胆相照，都是像昆仑山一样挺立的人。

8月13日，清朝政府决定杀害谭嗣同、林旭、杨深秀、刘光第、杨锐、康广仁六人。在行刑以前，谭嗣同面带微笑，高声对围观的群众朗诵了他的诗句："有心杀贼，无力回天；死得其所，快哉快哉！"

■心灵物语

谭嗣同的死，表现了他大无畏的革命精神，也表现了在当时的中国改革是多么艰难。虽然它符合当时中华民族的利益，具有救亡图存的意义，但想依靠朝廷本身改革社会只能是幻想。中国人民要想摆脱侵略，求得国家的富强，就只有推翻腐朽的封建制度。

■史海钩沉

百日维新

戊戌变法指1898年（农历戊戌年）以康有为为首的改良主义者通过光绪皇帝所进行的资产阶级政治改革，是中国清朝光绪年间的政治改革运动。主要内容是：学习西方，提倡科学文化，改革政治、教育制度，发展农、工、商业等。这次运动遭到以慈禧太后为首的守旧派的强烈反对。这年九月慈禧太后发动政变，光绪被囚，维新派康有为、梁启超分别逃往法国和日本。谭嗣同等6人（戊戌六君子）被杀害，历时仅一百零三天的变法终于失败。因此戊戌变法也叫百日维新。

■文苑荟萃

《中外纪闻》

北京强学会成立以后，"先以报事为主"，把《万国公报》改名为《中外纪闻》，梁启超、汪大燮为主笔。《中外纪闻》于12月16日正式刊行，双日刊，木活字印刷，每册注明出版年月，无编号，封面有紫红色"中外纪闻"四字。《中外纪闻》发刊一个月零五天，即遭封禁，但"译印西国格致有用之书"，在今存各册中，有《英国幅员考》《西国铁路考》《地球奇妙论》等。《中外纪闻》是资产阶级早期政治团体的机关刊物，它除选登"阁抄"、译载新闻外，又载"格致有用之书"，探讨"万国强弱之原"，提出言政敷治的建议，在中国近代政治史、新闻史上有一定地位。

夏明翰大义凛然

夏明翰（1900—1928年），字桂根，衡阳县礼梓山（今洪市镇礼梓村余家组）人，生于湖北秭归县，是中国共产党早期革命活动家。1928年农历二月二十九日夏明翰在汉口余记里惨遭国民党反动派杀害。

夏明翰，1900年农历八月出生在其父亲做官的湖北秭归。夏明翰的童年跟随祖父母在湖北、江西等地度过。

1912年全家回到衡阳，住在衡阳市湘江东岸的杨家花园。夏明翰的父亲曾做过秭归知县，1901年又钦加三品衔，署理归州知州，继而被派往日本考察政务；祖父中过举人，做过京官；外祖父是清末翰林、国史馆秘书，母亲也善诗文。少年时代的夏明翰就受到了父母追求科学民主和维新变法思想的熏陶，养成了爱读书善思考的习惯。他并不以"夏府少爷"自居，而是经常做些自己认为该做的事情，还尽自己的能力接济穷苦人。

1917年春，夏明翰进入湖南省立第三甲种工业学校（位于衡阳）读书。在校期间，他受到五四运动的影响，开始读进步书籍，并参加游行和反对军阀的活动，因此与祖父的矛盾日益尖锐。夏明翰组织成立了革命团体"砂子会"，并用诗歌和绘画揭露军阀卖国贼的丑恶嘴脸，宣传反帝爱国思想。夏明翰曾写过一首讽刺军阀的诗："眼大善观风察色，

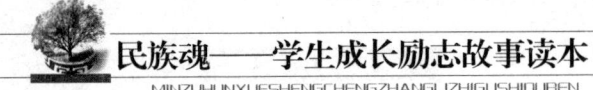
嘴阔会吹牛拍马，手长能多捞名利，身矮好屈膝磕头。"真是把军阀政客们的丑态刻画得淋漓尽致。

"五四"运动风潮波及衡州后，夏明翰与同学一起发动罢课、推动罢市，声援北京学生反帝反封建的爱国斗争。他带领一个演讲团，经常到各地演讲宣传。在查禁日货的斗争中，夏明翰首先发动自己的弟弟妹妹夏明震、夏明霹、夏明衡等，把祖父藏在夹墙中的日货集中到湘江河边，付之一炬。

1921年冬，经毛泽东、何叔衡介绍，夏明翰加入中国共产党。入党后，夏明翰按照湘区党委的指示，领导了声势浩大的长沙人力车工人的罢工斗争，并取得了胜利。

1927年4月12日，蒋介石发动反革命政变，血腥屠杀共产党人和革命群众。夏明翰听到消息，非常悲愤，挥笔写下一首短诗："越杀胆越大，杀绝也不怕。不斩蒋贼头，何以谢天下！"为了"斩蒋贼头"，夏明翰毅然投笔从戎，参加了第二次北伐的革命军，在邓演达主持的政治部思想部担任宣传部部长，并随军到达河南前线。1927年6月，党中央又将夏明翰调回湖南工作，继续担任湖南省委委员兼组织部部长。这时的中国共产党已被迫转入地下活动。为了保守党的机密，做好党的工作，夏明翰经常改换住宿地点。7月大革命失败后，夏明翰参与发动秋收起义，同时还鼓励自己的亲戚参加武装斗争。征得组织上的同意后，他派七弟夏明霹到衡阳开展工作，五弟夏明震到郴州开展武装斗争，四妹夏明衡到衡山组织领导起义。后来这些弟弟妹妹都在武装斗争中英勇牺牲。

1928年初，夏明翰被党调到湖北工作，任中共湖北省委常委，参加省委领导工作。由于叛徒的出卖，同年3月18日他不幸在武汉被敌人逮捕。在他的房间里只搜到一块怀表、一个手电筒和他戴的一副近视眼镜。夏明翰被捕后，党组织设法营救，未能成功。

3月20日清晨，他被敌人押送到汉口余记里刑场。为了中国革命事业，夏明翰悲壮地牺牲了，年仅28岁。

□心灵物语

夏明翰为了正义事业，用自己的文字和身躯与敌人做顽强的抗争，书写了为正义而献身的壮丽诗篇，激励着千千万万共产党人和革命群众为革命理想而前仆后继、一往无前！

□史海钩沉

秋收起义

1927年9月9日，秋收起义爆发，它是由毛泽东在湖南东部和江西西部领导的工农革命军（即红军）举行的一次武装起义。是继南昌起义之后，中国共产党领导的又一次著名的武装起义，是中共党史军史上的三大起义之一。

□文苑荟萃

新　诗

新诗是指五四运动前后产生的、有别于古典诗歌的、以白话作为基本语言手段的诗歌体裁。新诗在建立和发展过程中，受到外国诗歌较大的影响。这对新诗艺术方法的形成起了积极的作用。许多诗人在吸取中国古典诗歌、民歌和外国诗歌营养的基础上，对新诗的表现方法和艺术形式进行了多方面的探索，产生了现实主义、浪漫主义、象征主义多种艺术潮流，出现了自由体、新格律体、14行诗、阶梯式诗、散文诗等多种形式。众多诗人的探索和一些杰出诗人的创造，使新诗逐渐走向成熟和多样化。从五四运动以来，新诗一直是中国现代诗歌的主体。

方志敏为革命捐躯

方志敏（1899—1935年），江西省上饶市弋阳县人，1922年8月加入中国社会主义青年团，1924年3月转入中国共产党，1928年1月参与领导弋横起义，创建赣东北苏区，领导组建中国工农红军第十军。方志敏先后任赣东北省、闽浙赣省苏维埃政府主席，红十军、红十一军政治委员，中共闽浙赣省委书记。他把马克思主义普遍真理与赣东北实际相结合，创造了一整套建党、建军和建立红色政权的经验，毛泽东称之为"方志敏式"根据地。

1927年，蒋介石发动"四一二"政变后，方志敏潜回赣东北，恢复中共基层组织，组织农民武装。次年1月方志敏领导弋阳、横峰起义，进行游击战争、开展土地革命、组织工农政权，创建了赣东北革命根据地和中国工农红军第十军。方志敏历任中共江西省委书记，信江、赣东北省和闽浙赣省苏维埃政府主席，红十军代理政治委员、赣东北革命军事委员会主席、红十一军政治委员、红十军团军政委员会主席等职。方志敏曾当选为中共第六届中央委员，中华苏维埃共和国中央执行委员、主席团委员，并获中华苏维埃第一次全国代表大会授予的红旗勋章。

1935年1月，组成北上抗日先遣队的红十军团在通过怀玉山封锁线时陷入敌人的重围之中，部队被敌人截成了两截。方志敏率领800余人冲出了包围圈，却发现大部队没有跟上来。作为主要领导的方志敏提出要去寻找被围的部队。另一位负责人说："你是主要领导，还是让我去吧！"方志敏说："不行！我没有理由留在这里，我要把战士们带出来！"

方志敏毫不犹豫，不顾个人安危，又一次进入敌人的包围圈，找到了大队人马。可是，大队人马已经被敌人的14个团重重包围，情况万分危急，敌人见人就杀、见粮就抢、见房就烧。红军被包围在荒山僻野之中，没有吃的，只能采集野果野菜充饥；野果野菜也采集不到了，只得忍饥挨饿一次次突围。

部队经过与敌人激烈的搏斗，只剩下了80多人。方志敏已经7天没吃东西了，饿得两腿站不住。他带领战士翻山越岭，鼓励战士们说："吃不得苦，革不得命。苦算什么，越苦越要干！"

突围无望。天亮的时候，方志敏命令机要员把文件和密码烧掉，说："党员无论什么时候都要保守党的机密。"有的战士有些灰心，方志敏说："我们只是一支小部队，红军主力还在，胜利仍然是我们的。共产党是永远打不垮的！"有个战士建议方志敏化装，到白区去躲避一阵，方志敏摇摇头。

1935年1月24日，由于叛徒出卖，方志敏在皖浙赣交界处的陇首村不幸被捕。

蒋介石获悉方志敏被抓到了，立即密令国民党江西省党部千方百计劝降方志敏。

但方志敏毅然决然地说："让我投降？休想！你们只能砍下我的头颅，决不能动摇我的信仰！"

劝降失败了，敌人露出了豺狼的凶相，他们残酷地折磨方志敏。他们给方志敏吃霉米饭，里面都是稗子、谷壳和沙石。一天洗漱饮用只给两碗水，牢房里黑暗潮湿，老鼠到处跑、臭虫爬满墙、虱子满被褥。方志敏本来就患有肺病，残酷的折磨使他的身体越来越衰弱。敌人还不断地用酷刑摧残方志敏，用皮鞭抽打、坐老虎凳、灌辣椒水。方志敏忍受着巨大的疼痛，毫不动摇，没有透露一点党的机密。

在这样极为艰苦的条件下，方志敏饱含激情和对党的忠诚，在敌人

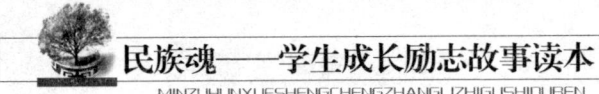

牢房里写下了传世之作《清贫》《可爱的中国》《狱中纪实》等作品。

1935年8月6日，方志敏在江西南昌下沙窝英勇就义，时年36岁。

■心灵物语

方志敏在异常艰苦的条件下，坚守自己的信仰，坚贞不屈、大义凛然，忍受病痛的折磨，与国民党反动派进行艰苦卓绝的斗争，以顽强不屈的精神和为祖国为人民的高尚情怀谱写了不朽的篇章！

■史海钩沉

中央苏维埃政府

中央苏维埃政府的建立是我们党建立人民政权的探索和尝试，它在一定程度上加强了对各根据地、各部分红军的中枢指挥作用，扩大了党的影响，也为抗日战争、解放战争时期根据地建设以及后来新中国政权建设，提供了丰富的经验，培养了大批领导骨干和组织管理人才。

■文苑荟萃

老虎凳

老虎凳是一种刑具，由横凳和垂直的柱子或者靠背组成，两者呈90度。这是其基本结构。用刑的时候，让受难者坐在上面，上身要坐正挺直，紧贴靠背或者柱子。考虑到用刑的时候，受难者会反抗挣扎，所以必须将他的双手反绑在靠背后面。必要时可先将其五花大绑，上身要完全固定紧贴在靠背上，与横凳保持90度，有时还要将受难者的脖颈用绳索缠绕勒住，以增加痛苦。

 # 女中豪杰秋瑾

　　秋瑾（1875—1907年），近代民主革命志士，原名秋闺瑾，字璇卿，号旦吾，乳名玉姑，东渡后改名瑾，字（或作别号）竞雄，自称"鉴湖女侠"，笔名秋千，曾用笔名白萍，祖籍浙江山阴（今绍兴）。她蔑视封建礼法，提倡男女平等，常以花木兰、秦良玉自喻，性豪侠，习文练武，曾自费东渡日本留学。积极投身革命，先后参加过三合会、光复会、同盟会等革命组织，联络会党计划响应萍浏醴起义未果。1907年，她与徐锡麟等组织光复军，拟于7月6日在浙江、安徽同时起义，事泄被捕。7月15日从容就义于绍兴轩亭口。

　　1875年11月8日，秋瑾出生于福建厦门。她的祖父秋嘉禾在厦门府属的云霄厅任同知。由于出身官宦人家，所以自幼就受到良好的启蒙教育。秋瑾天赋很好，对古文常常能过目成诵。

　　秋瑾自幼酷爱古代的侠义小说和历史书籍，非常敬佩古代的游侠，希望自己能像他们那样解除人们的危难。秋瑾在阅读了陆游、辛弃疾等爱国诗人的大量诗篇后，更激发了她的爱国热情，立志将来自己也要当一个女中豪杰，干一番惊天动地的事业。

　　1890年，秋瑾全家返回绍兴故居。住外婆家时，她跟随精通武术的表兄练习拳、棒、刀、剑和骑马射箭等武艺，而对于女孩家做的针线活不屑一顾，当时好友和女伴们都称赞她"伉爽若须眉"。

　　1892年，秋瑾举家迁往湖南。她21岁时，由父母做主，嫁给湘潭

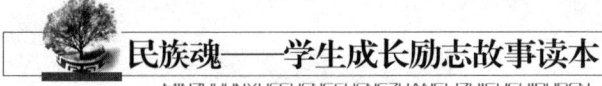

富户王黻丞的小儿子王廷钧为妻。王廷钧是个不学无术、游手好闲的花花公子，与侠义豪爽、才貌俱佳的秋瑾在性格和志趣上相差太远，因此婚后的家庭生活极不和谐。这种封建的包办婚姻，让秋瑾伤透了脑筋。

1902年，王廷钧花钱在北京捐了个户部主事的官，秋瑾跟着到了北京。当时八国联军已撤走，战火后的北京满目疮痍，特别是腐败的清政府为保住其统治地位，决意"量中华之物力，结与国之欢心"，同11个帝国主义国家签订了卖国的《辛丑条约》。中国被帝国主义侵略者瓜分得四分五裂、主权尽丧，清政府又腐败无能，更加盘剥百姓。看到这国破家亡的悲惨景况，秋瑾的爱国热情像洪流一样涌遍全身。她决心要挽救祖国的危亡。

在北京，秋瑾结识了思想先进的吴之瑛。吴之瑛是户部郎中谦泉的妻子，她不仅文采卓越、精通诗词，而且倾向革命。

秋瑾与吴之瑛一见如故，经常在一起读书吟诗、谈论时事，并在吴家阅读了一些进步书刊，如《苏报》《罗兰夫人》《新民丛报》《东欧豪杰》等等，使秋瑾更加清楚地了解了世界，思想上有了较大的变化。秋瑾认识到男尊女卑的封建信条是束缚妇女的枷锁，产生了兴女权、让男女平等的思想。她不但自己不裹足，还联系京城的一些妇女组织如"天足会"，动员更多的女子放足。此外，秋瑾还在1903年的中秋节大胆地穿起男装，到戏院看戏，这一举动曾在京城引起轰动。这些都充分表现了秋瑾思想的日趋成熟。

秋瑾的思想越来越倾向革命，这与顽固守旧的丈夫更是格格不入，无法在一起继续生活。1904年5月，秋瑾冲破封建家庭的阻挠，毅然变卖了自己的首饰作为路费，东渡日本求学，寻求救国之路。

秋瑾来到东京，在中国留学生会馆办的日语讲习所补习日语，然后进入青山实践女校。这时革命思想在东京中国留学生中传播得很快，秋瑾一面学习，一面积极参加留学生组织的各种爱国活动。她经常参加集会，登台演说，其演讲饱含热情、荡人心魂，常使听众感动得流下热泪。秋瑾在从事爱国活动时，结识了宋教仁、刘道一、冯自由等一批资产阶级革命派，并与陈撷芬共同发起建立了中国妇女的第一个革命团体"共爱会"。"共爱会"由陈撷芬任会长，秋瑾任招待。她们的宗旨是推翻清廷，恢复中华。除此之外，她还为一些爱国团体积极奔走出力。

1904年9月，秋瑾为了提高国人的觉悟，在东京创办了《白话报》，宣传反清革命，主张男女平等。1905年，她在回国筹措学费时结识了光复会的骨干徐锡麟，并由徐锡麟介绍参加了光复会。

同年7月，秋瑾再次到日本，并加入了孙中山组织的中国同盟会。不久，她即被推举为同盟会评议部评议员和浙江省的主盟人，成为同盟会的骨干。

同盟会成立后，留日学生的革命热情更加高涨。为了打击革命力量，清政府勾结日本文部省，颁布了一项严禁中国留学生参加革命活动的"取缔规则"。中国留学生纷纷罢课、集会，强烈要求日本政府取消"取缔规则"。但日本政府却充耳不闻，拒绝取消。在这种情况下，秋瑾不甘受辱，于1906年春毅然返回祖国。

1907年1月，秋瑾在上海创办了《中国女报》。她在该报发刊词中号召女界要"生机活泼，精神奋心"，为挽救国家危亡贡献自己的一份力量。后因资金困难，《中国女报》出版两期后停刊。

秋瑾认识到要改变中国的命运，先要推翻满清的腐朽统治。她开始积极筹划反清武装起义，她亲赴诸暨、义乌、金华等地广泛联络会党，组织武装起义的力量。不久，她又返回绍兴任大通学堂的监督。

大通学堂实际上是光复会的革命机关。秋瑾以学堂为基地，积极训练会党骨干，并将会党力量编为光、复、汉、族、大、振、国、权八个军，统称"光复军"，并制定了《光复军军规》和《光复军起义檄稿》等文件。

起义定于7月19日发动，计划先由秋瑾在金华发难，引诱清军调杭州的兵力救援，然后再以主力进攻杭州。如果失败，再挥师北上安庆与徐锡麟会合。

但由于机密泄露出去，使清政府有所警觉，开始搜捕党人。在这危急时刻，徐锡麟于7月6日在安庆仓促起义，刺杀安徽巡抚恩铭失败，被捕牺牲。

敌人在徐锡麟的住处搜到大批义军的文件和一些书信，从中发现这次起义与秋瑾有关。于是浙江巡抚张曾扬急令清军300余人，于7月13

日包围了大通学堂，将秋瑾等革命党人逮捕。

秋瑾被捕后，受到百般折磨，敌人用尽酷刑要她供出同党。但是秋瑾大义凛然、宁死不屈，她大声回答："革命党的事，不必多言。""革命党人不怕死，要杀就杀。"敌人套不出口供，只得编造秋瑾口供，于7月15日在绍兴轩亭口将秋瑾杀害。

秋瑾英勇就义的消息传出后，外界舆论同声谴责清政府的残暴罪行，海外留学生也纷纷通电声讨。烈士的血没有白流，秋瑾的英勇行为极大促进了革命形势的发展。浙江会党和光复会余部在一年内发动了十多次起义。

1912年，中华民国成立后，孙中山指示将秋瑾烈士遗体重新安葬在杭州西子湖畔。新中国成立后，人民政府又在绍兴建立秋瑾纪念馆，永远纪念这位巾帼英雄。

■心灵物语

在半封建的中国社会，有多少女中豪杰为了国家民族的安危不惜牺牲自己的生命。她们为彻底推翻清朝卖国政府而献身，赢得了国家和人民的尊重和纪念。

■史海钩沉

黄花岗起义

甲午战争以后，各帝国主义国家掀起了瓜分中国的狂潮，中华民族已面临着亡国灭种的威胁。为挽救民族危亡，以孙中山先生为杰出代表的资产阶级革命派登上了历史舞台。1905年8月，中国有史以来第一个资产阶级政党中国同盟会成立。在同盟会的领导下，资产阶级革命党人发动了一次又一次以推翻腐朽的清朝封建统治，建立资产阶级共和国为目的的武装起义，1911年4月爆发的黄花岗起义就是其中的一次。这些起义在不同程度上打击了清朝统治，为后来武昌起义一举成功准备了条件。

 # 抗日女英雄赵一曼

赵一曼（1905—1936年），原名李坤泰，又名李一超，四川省宜宾县白花镇人，1926年进入宜宾市女子中学（现宜宾市二中）读书，同年加入中国共产党，是著名的民族抗日女英雄。

1931年"九一八"事变后，赵一曼被中国共产党派到东北地区领导革命斗争，1934年担任中共珠河中心县委委员兼铁道北区委书记，组织抗日自卫队，与日军展开游击战争。赵一曼1935年担任东北人民革命军第三军第一师第二团政委，11月在与日伪军作战时不幸因腿部受伤被捕。日军为了从赵一曼口中获取有价值的情报，找了一名军医对其腿伤进行了简单治疗后，连夜对其进行了严酷的审讯。

面对凶恶的日军，将生死置之度外的赵一曼忍着伤痛怒斥日军侵略中国以来的各种的罪行。凶残的日军见赵一曼不肯屈服，用马鞭狠戳其腿部伤口。身负重伤的赵一曼表现出了一个共产党员坚强的意志和誓死抗日的决心，痛得几次昏了过去，仍坚定地说："我的目的，我的主义，我的信念，就是反满抗日。"没说出一字有关抗联的情况。

1935年12月13日，因赵一曼腿部伤势严重，生命垂危，日军为得到重要口供，将她送到哈尔滨市立医院进行监视治疗。赵一曼在住院期

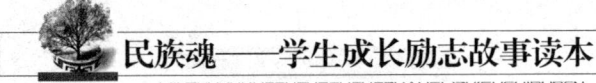

间，利用各种机会向看守她的警察董宪勋与女护士韩勇义进行反日爱国主义思想教育，两人深受感动，决定帮助赵一曼逃离日军魔掌。1936年6月28日，董宪勋与韩勇义将赵一曼背出医院送上了事先雇来的小汽车。经过辗转后，赵一曼到了阿城县境内的金家窝棚董宪勋的叔叔家中。6月30日，赵一曼在准备奔往抗日游击区的途中不幸被追捕的日军赶上，再次落入日军的魔掌。

赵一曼被带回哈尔滨后，凶残的日本军警对她进行了老虎凳、辣椒水等更加严酷的刑讯。据敌伪档案记载，日本宪兵为了逼迫她供出抗联的机密和党的地下组织，对她进行了残酷的拷问。刑讯前后采用的酷刑多达几十种，其中就包括电刑。但她始终坚贞不屈，没有吐露任何情报。

日军知道从赵一曼的口中得不到有用的情报，决定把她送回珠河县处死"示众"。8月2日，赵一曼被押上去珠河县（今尚志市）的火车，她知道日军要将她枪毙了，此时，她想起了远在四川的儿子，她向押送的警察要了纸笔，给儿子写了一封催人泪下的遗书："母亲对于你没有尽到教育的责任，实在是遗憾的事情。母亲因为坚决地做了反满抗日的斗争，今天已经到了牺牲的前夕。希望你，宁儿啊！赶快成人，来安慰你地下的母亲！在你长大成人之后，希望不要忘记你的母亲是为国而牺牲的！"

中国人民会永远牢记民族英雄赵一曼可歌可泣的抗日事迹。新中国成立后，朱德为赵一曼题写了"革命英雄赵一曼烈士永垂不朽"的题词，哈尔滨市将她战斗过的一条主街命名为一曼大街。

心灵物语

赵一曼，一位优秀的共产党员，为了中国的解放事业，受尽敌人酷刑。面对死亡，她无所畏惧；为了正义事业，她视死如归，用一腔热血誓将天地染红！让我们永远记住她吧！

□史海钩沉

华北事变

1935年，驻华日军为了进一步侵略中国而策动华北各省脱离南京中央政府，实行了"自治"的一系列事件，其目的是蚕食华北。1933年，驻华日军以武力迫使南京国民政府签订《塘沽协定》后，由于战略重点转向准备对苏作战和防范英、美，其侵略方针，由单纯的武力征服变为继续准备发动武力进攻的同时，全力推行"华北自治运动"。

□文苑荟萃

何梅协定

1935年5月，用《塘沽停战协定》将侵略势力渗透到华北的日本帝国主义，又向中国政府提出对华北统治权的无理要求。国民党当局在日本的淫威面前又一次屈服。5月29日，华北军分会代理委员长何应钦与日方代表开始秘密谈判。6月9日，日本华北驻屯军司令官梅津美治郎向何应钦提出备忘录（日文为"觉书"），限三日答复。何应钦经与日方秘密会谈后，于7月6日正式复函梅津美治郎，表示对"所提各事项均承诺之"，接受日方要求。何梅往来的备忘录和复函被称为"何梅协定"。

英勇不屈的刘胡兰

刘胡兰（1932—1947年），山西省文水县人，1932年10月8日生。刘胡兰13岁参加革命，14岁入党，任云周西村妇女会主任。1947年1月12日刘胡兰被捕，面对敌人的铡刀，宁死不屈，光荣牺牲，年仅15岁。

1938年，日本侵略军侵占了文水县城，国民党的军队和政府机关跑得无影无踪，共产党领导的八路军开进这里，领导文水人民组织了抗日游击队，文水很快成了抗日游击区。云周西村也不断有抗日武装和共产党干部进出，看到共产党和八路军坚决抗日并建立抗日民主政权，穷苦的农民纷纷加入抗日的行列。云周西村成为远近闻名的"抗战村"。刘胡兰就是在这种熏陶中长大的。后来，文水县第五区要培训一批妇女干部，刘胡兰高兴地报了名。

在四十天的培训中，她听课、学文件、学唱歌，参加村里的各种斗争。她懂了不少革命道理，学会了用阶级观点看问题，知道了抗日斗争的意义。她觉得自己真正长大了。

1946年5月，解放区掀起了轰轰烈烈的土改运动。为了让刘胡兰接受更多的锻炼，区里决定让她参加县里的试点——大象村的土改工作。她在大象村走家串户，向群众宣讲党的土地改革政策，鼓动他们起来揭发地主、富农的剥削罪行，夺回自己的土地。很快，群众起来了，斗倒了恶霸地主吕德芳，许多农民分到了土地和房子。

1946年6月，14岁的刘胡兰正式向区党组织提出了入党申请。区

党委委员们反复讨论她的情况，大家认为，刘胡兰的工作表现完全达到了一个共产党员的标准。考虑到云周西村妇女工作的需要，应该吸收她为党员。最后，区党委决定：批准刘胡兰为中国共产党预备党员；到她年满18岁时转为正式党员。

刘胡兰心里多高兴啊！她感到眼更明了、心更亮了，自己已经同党、同人民的解放事业融为一体了。她暗暗下定决心：党啊，您的女儿一定要为您奋斗终身！

1946年，国民党军队向解放区发动了全面进攻。12月，我军主力为了在晋西同敌人作战，暂时撤离了文水一带，敌人接踵而至。阎锡山的国民党军队在离云周西村五里的大象村扎下了据点。被清算过的地主恶霸吕德芳等人，也组织了复仇队，同国民党勾结起来，疯狂地向分过他们土地、财物的农民反攻倒算，并四处捕杀我共产党干部和积极分子，形势极其严峻。

为了保存革命的力量，上级下令让多数干部撤进了西山，区委决定让刘胡兰转移上山，但她想：自己刚入党，正是接受战火考验的时候，怎能在危急关头先考虑自己呢？她恳切地对组织说："我是共产党员，在最困难、最危险的时候应该挺身而出。再说，大批干部转移之后，敌人肯定要对群众进行报复，更需要人组织群众，铲除坏人，传送消息。我年龄小，目标不大，不容易引起敌人的注意；并且人地两熟，便于隐蔽。我请求组织上考虑我的要求。"

区党委研究后，同意了她的要求，她马上投入到更严酷的斗争中。刘胡兰和村干部研究了对敌斗争的办法，组织群众把抢收回来的粮食打完，把公粮埋藏在可靠的群众家里，布置民兵监视石廷璞等地主的活动，严防他们勾结敌人，搞破坏活动。

1947年1月12日清晨，刘胡兰刚要离家，街上响起了锣声。原来，驻在大象村的敌人已偷偷包围了村子，正在赶人去大庙前集合。刘胡兰无法脱身，只得跟着人群，来到了大庙前。在人群里，刘胡兰挤到了母亲跟前，拉了拉她的衣襟。她把手绢和一盒清凉油交给妈妈，又脱下了手上的指环，这是奶奶临死时给她的。妈妈一切都明白了，抓住女儿的手，喊了声"胡兰……"泪水夺眶而出。这时，敌人过来了，不由分说，把刘胡兰推到了大庙里。敌人见她年纪轻轻，便凶煞似的问："你就是刘胡兰？"

"我就是！"刘胡兰毫不畏惧地回答道。

"最近有哪些八路来过你们村？"

"不知道！"

"村里的公粮和布匹放在谁家？"

"不知道！"

"有人说你是共产党员，你是不是？"

"说我是我就是！"

"你们村还有谁是共产党员？"

"就我一个！"

"你才15岁，难道就不怕死？"

"怕死不当共产党员！"

刘胡兰句句刚硬，掷地有声。敌人气急败坏，狂吼道："杀，把他们都杀掉！"

刘胡兰同被捕的六位同志被押到了庙外。敌人扛来了两口铡刀，一捆柳木棍子。敌人色厉内荏地对刘胡兰说："你怕不怕？到底自白不自白？"刘胡兰鄙夷地哼了一声，大步向铡刀走去。

她眼望蓝天，默默地说："别了，妈妈；别了，乡亲们；党啊，我没给你丢脸……"

在刽子手的屠刀下，一个15岁的生命戛然而止！但她的英名，她的豪气，将永存人间。

■心灵物语

刘胡兰的英雄事迹传遍了大江南北，人们都为她英勇不屈的精神感动。在中国革命的进程中，就是因为有千千万万个这种不怕牺牲的共产党人，才使中国革命取得了最后的胜利。

□史海钩沉

土地改革运动

　　1946年5月4日，中共中央发出《关于清算减租及土地问题的指示》，简称《关于土地问题的指示》（亦称《五四指示》），把抗日战争时期削弱封建的减租减息政策改变为消灭封建实行"耕者有其田"的政策，因而获得了广大农民的拥护。他们踊跃参军参战，支援前线，巩固解放区，积极配合中国人民解放军粉碎国民党反动派的军事进攻。

□文苑荟萃

刘胡兰烈士陵园

　　位于山西省文水县城东17公里的云周西村，距太原市区85公里。建于1956年，后于1957年、1976年两次扩建。馆舍坐北向南，占地6万平方米。馆前广场的汉白玉纪念碑上刻着毛泽东同志的亲笔题词："生的伟大，死的光荣"。烈士墓前耸立着汉白玉烈士石雕像。馆内还有烈士生平事迹陈列室、烈士被捕处、斥敌处、就义处等。为纪念刘胡兰英勇就义50周年，1996年又实施了较大规模的维修改造工程，增设了刘胡兰事迹影视室，纪念刘胡兰书画室以及党和国家领导人的题词碑。在中国革命战争年代献身的英烈中，刘胡兰是唯一一位有毛泽东、邓小平、江泽民三代领导人题词的革命烈士。

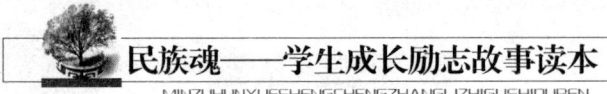
为革命牺牲的江姐

江姐（1920—1949年），原名江竹筠，曾用名江志炜、江雪琴，1920年8月20日出生于四川省自贡市大安区大山铺镇江家湾的一个农民家庭。 1939年加入中国共产党。1945年与彭咏梧结婚，婚后负责中共重庆市委地下刊物《挺进报》的组织发行工作。1948年，彭咏梧在中共川东临时委员会委员兼下川东地委副书记任上战死，江竹筠接任其工作。1948年6月14日，江竹筠在万县被捕，被关押于重庆军统渣滓洞监狱，受尽酷刑仍坚决不吐露任何情报，1949年11月14日被敌人杀害并毁尸灭迹；同志们习惯称她江姐，以表敬爱之情；另有同名歌剧、评剧、越剧以及电视连续剧等。

江竹筠，1939年加入中国共产党，担任中共重庆新市区区委委员；1944年夏，经组织安排入四川大学农学院学习，从事党的秘密工作。江竹筠入党后，按党组织的要求，与共产党员彭咏梧扮作夫妻，组成一个"家庭"，作为重庆市委的秘密机关和地下党员学习的辅导中心。

1946年底至1947年初，江竹筠参加领导重庆学生抗暴运动，并为市委机关报《挺进报》做了大量工作。1947年，江竹筠在"反内战，反饥饿、反压迫"的学生运动高潮时期，受中共重庆地下市委的指派，随彭咏梧到下川东开展武装斗争，担任下川东地区地工委和川东临委的联络员，负责组织大中学校的学生与国民党反动派进行英勇斗争。在丈夫彭咏梧的直接领导下，江竹筠还担任了中共重庆市委地下刊物《挺进报》的联络和组织发行工作。1947年，彭咏梧任中共川东临时委员会委员兼下川东地委副书记，领导武装斗争。江竹筠以川东临委及下川东地委联络员的身份和丈夫一起奔赴斗争最前线。

1948年，彭咏梧在组织武装起义时不幸牺牲。江竹筠强忍悲痛，毅然接替丈夫的工作。她说："这条线的关系只有我熟悉，我应该在老彭倒下的地方继续战斗。"

1948年6月14日，由于叛徒的出卖，江竹筠不幸被捕，被关押在重庆渣滓洞监狱，受尽了国民党军统特务的各种酷刑，老虎凳、吊索、带刺的钢鞭、撬杠、电刑……甚至竹签钉进十指。特务妄想从这个年轻的女共产党员身上打开缺口，以破坏重庆地下党组织。面对敌人的严刑拷打，江竹筠始终坚贞不屈，"你们可以打断我的手，杀我的头，要组织是没有的。""毒刑拷打，那是太小的考验。竹签子是竹子做的，共产党员的意志是钢铁铸成的！"她关怀难友，参与领导狱中斗争，被亲切地称为"江姐"。

1949年11月14日，在重庆即将解放的前夕，江竹筠被国民党军统特务杀害于歌乐山电台岚垭，为共产主义理想献出了年仅29岁的生命。

□心灵物语

共产党员有着钢铁般的意志，有着不屈的精神。敌人的严刑逼供，动摇不了一个共产党员的信念，为了革命正义而牺牲，更能激励后人英勇前进！

□史海钩沉

反饥饿、反内战、反迫害运动

1947年，国统区学生大规模地反对国民党反动统治的运动。随着人民解放战争的不断胜利，国民党统治区的经济、政治、教育危机日益严重。青年学生在共产党地下组织的领导下对各种不合理问题进行斗争，举行了"五四"纪念活动。上海学生进行了反内战、反压迫、反卖国的宣传。清华大学自17日起罢课3天，并发表《反饥饿、反内战罢课宣言》，得到各校

响应。北平学生在罢课期间，各校组织宣传队奔赴市区向各界群众宣传反饥饿、反内战。18日，国民党政府发布《维持社会秩序临时办法》，严禁10人以上的请愿、罢课、罢工和示威游行，遭到全国学生的反对。次日，上海学生7000余人欢送沪杭区国立院校学生"挽救教育危机进京代表联合请愿团"，并举行"反饥饿、反内战"大游行。其他各地学生也纷纷派代表赴南京请愿。20日，京沪苏杭地区16所专科以上学校6000多学生为"挽救教育危机"举行联合大游行。

同日，华北地区21所大、中学校学生在北平、天津举行反饥饿、反内战万人大游行。南京、天津的游行学生遭殴打，造成了震惊全国的五二〇血案。国民党的暴行更激起了学生的愤怒，他们继续以罢课游行等行动同国民党反动派进行斗争。从5月下旬到6月中旬，"反饥饿，反内战、反迫害"的口号声响遍了武汉、西安、长沙、重庆、成都、福州等国民党统治区60多个大中城市。国民党统治区城市里几乎所有的大学生和大部分中学生参加了斗争，人数达60万。这次运动是中国学生运动史上规模最大的一次。全国各阶层人民也纷纷起来声援爱国学生的正义斗争。这次运动与人民解放军反击蒋介石反动军队的战争相配合，沉重打击了国民党的反动统治，为全国的解放作出了巨大贡献。

■文苑荟萃

渣滓洞

全名"渣滓洞中美特种技术合作所"，位于重庆市郊歌乐山下磁器口、五灵观一带。它三面环山，一面临沟，地形隐蔽。1938年起，这里被国民党特务机关改造成秘密监狱，专门用来关押和迫害革命者，许多可歌可泣、英勇悲壮的事迹便发生在此。渣滓洞分内、外两院，内院有一楼一底的男牢16间，另有两间平房做女牢，外院为特务办公室和刑讯室。重庆解放前夕，国民党特务纵火焚烧了渣滓洞，仅逃出15位被囚禁的革命者，其余皆不幸牺牲。

 # 夏完淳宁死不屈

> 夏完淳（1631—1647年），原名复，字存古，号小隐、灵首（一作灵胥），乳名端哥，明朝诗人，爱国志士和文学家，民族英雄，明松江府华亭县（今上海市松江区）人。夏完淳9岁善词赋古文，才思敏捷，有神童之称，其诗词或慷慨悲壮，或凄怆哀婉，"如猿唳，如鹃啼"（谢枚如语），充满了强烈的民族意识，著有《夏内史集》及《玉樊堂词》。

清代初年，在江南重镇京口的长江江面上，战舰云集、杀声震天，抗清义军正在进行军事演习。将士们操刀挥矛、奋力呐喊，极为威武。雪白的刀刃在阳光下，闪着耀眼的光芒。到处是一片威严壮观的景象。

阵阵江风吹得杏黄大旗猎猎作响，舒展的旗帜下，一个少年按剑站在船头，观看士兵们操练。此人相貌端庄，双目有神，那略显稚气的脸上透着几分沉稳和刚毅。他就是当时有名的年仅15岁的抗清义士夏完淳。

在父母的影响下，夏完淳大器早成、才华横溢，他常常和成年人一起谈论天下形势，具有成人所不及的思想和志向。15岁已经成为抗清的主帅了。夏完淳站在船头，思绪像江水一样翻腾。他回想起这几年的斗争形势：清军自从入关以来，对平民百姓任意烧杀抢掠，到处都是焦房残屋，一片哀鸿遍野。面对清军的暴行，他和陈子龙等人几次组织队伍进行抗击，但都失败。现在这支抗清队伍终于发展起来了，他怎能不高兴呢？

夏完淳等人率领义军活动在江南一带，给清军以沉重的打击，引起了清朝统治者的恐慌和忌恨。他们悬赏几十万两白银捉拿夏完淳。

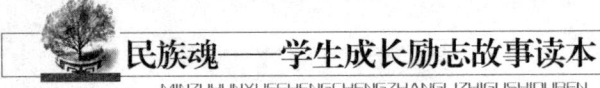
在一次战斗中，由于叛徒告密，夏完淳不幸被捕。清军把他押到南京，由主帅洪承畴亲自审讯。

洪承畴原来也是明朝将领，后来在辽东战败投降，一直遭到人们的鄙视。此刻，他坐在军帐中，拍着桌子厉声问道："我看你满脸稚气，也不过是个孩子，今年多大年纪？"

"16岁！"夏完淳昂起头来，傲然回答。

洪承畴早就听说过夏完淳的名字，知道他很有才华，假装和善地说："你还只是一个孩子，怎么会发兵叛逆？肯定是被贼兵迷惑了。你小小年纪就这么有才华，将来肯定前程远大。若是归顺朝廷，老夫我保你做大官。"

夏完淳也认出了这个将领就是叛将洪承畴，听了他的话，只是冷笑，假装不懂地说："我常听人说亨九（洪承畴字亨九）先生是本朝杰出人物，他在抗击清军的战斗中血染疆场，事迹感人。我敬仰他的忠烈义气，年纪虽小，杀敌报国，怎能落后于他呢？"

夏完淳话还没说完，洪承畴已无地自容，不知如何回答才好。站在一旁的差官厉声呵斥道："休得胡说，眼前的这位就是洪大人。"

夏完淳装作不信，并且借机痛斥说："亨九先生死于国难很久了，天下谁人不知。天子曾经亲自祭奠他，泪流满面，群臣失声痛哭，都赞扬他'臣节如山'。你这叛贼，不知羞耻，竟敢假借亨九先生的大名，玷污他的忠魂，还寡廉鲜耻，劝说别人投降。"

夏完淳越骂越怒，最后竟跳了起来。

洪承畴被一顿臭骂，神色沮丧，无言以对，最后只得无力地对手下摆摆手说："把他带下去吧！"

洪承畴见无论怎么劝说，夏完淳也不会投降，并且屡遭痛骂，最后恼羞成怒，终于对他下了毒手。

在一个深秋的上午，西风萧瑟，满目衰草枯叶，人们怀着沉痛的心情早早地来到刑场为夏完淳送行。行刑前，他依然昂首挺胸，脸色从容。大家被他那大义凛然的神态感动了，许多人都不愿看到他被杀的一瞬，纷纷低下头掩面而泣……

夏完淳被杀时，年仅16岁。

■心灵物语

有志不在年高。夏完淳的一生虽是短暂的，但他留给后人的不只是那些杰出的事迹，还有为民族大义宁死不屈的凛然正气。

■史海钩沉

山海关大战

清顺治元年（大顺永昌元年，1644年）四月，摄政王多尔衮率八旗军与明总兵吴三桂合兵，在山海关内外击败李自成大顺军。崇德八年（明崇祯十六年，1643年），清帝福临年幼，辅政的多尔衮洞悉明朝连年与农民军交战，已呈土崩瓦解之势，认为入主中原时机已到。顺治元年正月，多尔衮以清帝名义致书大顺军，提出协谋同力并取中原的策略，李自成未予理会。四月初九，多尔衮统率满、蒙、汉八旗军十余万人，离盛京（今沈阳）西进。十一日，至辽河，闻李自成大顺军于三月十九攻取京师（今北京），明朝已亡，遂采纳明降将洪承畴建议，率兵经密云（今属北京）、蓟州（今天津蓟州区）一带南下，直趋北京。

■文苑荟萃

八旗子弟

努尔哈赤在统一女真各部的战争中，取得节节胜利。随着势力扩大，人口增多，他于明万历二十九年（1601年）建立黄、白、红、蓝四旗，称为正黄、正白、正红、正蓝，旗皆纯色。四十三年，努尔哈赤为适应满族社会发展的需要，在原有牛录制的基础上，创建了八旗制度，即在原有的四旗之外，增编镶黄、镶白、镶红、镶蓝四旗（镶，俗写亦作厢）。旗帜除四正色旗外，黄、白、蓝均镶以红，红镶以白，把后金管辖下的所有人都编在旗内。此时所编设的八旗，即后来的满洲八旗。清军入关后，原来满洲八旗的后人便被称为八旗子弟。

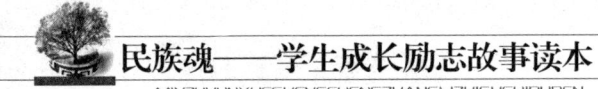
 # 陈玉成英勇就义

陈玉成（1837—1862年），太平天国将领，初名丕成，广西藤县人，太平天国著名的军事家、统帅。陈玉成14岁参加金田起义，天王洪秀全嘉其忠勇，改名玉成，封英王，同治元年（1862年）为叛徒苗沛霖诱捕，在河南延津就义。

1853年太平天国定都天京后，陈玉成被提升为"左四军正典圣粮"，主管军粮。1854年6月，西征军进取武昌，由于清军顽抗，久攻不下，陈玉成"舍死苦战，攻城陷阵，矫捷先登"，他"亲率500天兵缒城而上，以致官兵溃散，遂陷鄂省"。18岁的陈玉成在奇袭武昌的战斗中，表现勇敢，建立首功，被提升为殿右三十检点（位在丞相以下），统领后十三军及水营前四军，在西征战场上多次建立战功，至1856年晋升冬官正丞相。同年，陈玉成随燕王秦日纲去救援镇江，为清兵所拒，双方相持不下。为解救镇江之围，陈玉成冒着敌人的枪林弹雨，坐一小舟，舍死直冲到镇江，和守将吴如孝取得联系。陈玉成、吴如孝会同秦日纲内外夹击清军，清将吉尔杭阿被杀得大败，遂解镇江之围。

此后，东王杨秀清命石达开、秦日纲两军攻破江南大营，陈玉成率部随秦日纲参战。经过四昼夜的激烈战斗，清军统帅向荣败逃丹阳，自缢而死，江南大营土崩瓦解，威胁天京长达三年之久的肘腋之患至此解除。太平天国达到了军事全盛时期。

后来陈玉成又率军摧毁了江北大营，解除了敌人截断天京供应的威胁，缓和了天京危机，扭转了太平天国在天京事变和石达开出走后的被动局面，军威得以重振。后因浦口、三河两役的胜利，在1859年夏，年仅23岁的陈玉成被封为英王。

1861年，陈玉成屯兵在安庆外围据点集贤关。洪仁玕等也率军前来增援。当时双方的形势是犬牙交错，层层作战，内线外线，互相包围。湘军集大江南北主力一万多人，深沟高垒，围城打援；太平军是城内阵地防御，城外阵地攻坚，双方展开了太平天国战史上空前激烈的一次会战。

5月，陈玉成派主将刘玱琳率精兵屯集贤关外赤冈岭，牵制湘军。自己率军去桐城会合洪仁玕部，在棋盘岭为清军所败。湘军趁机攻陷赤冈岭，刘玱琳苦战30余日，4000多精锐将士牺牲。9月5日，湘军炸塌安庆北门城垣，突入城内，1.6万余名太平军将士奋起拼杀，全部壮烈牺牲。

安庆失陷后，陈玉成退守庐州，"请命自守"，并派扶王陈得才、遵王赖文光等远征豫陕，"广招兵马，早复皖省"。陈玉成打算分兵扫北，"由汴梁直取燕京，共归一统"。但这时他的处境十分困难，外有敌军多隆阿部进逼，内有天王洪秀全的革职处分。1862年5月，多隆阿围攻庐州，陈玉成决定弃城北走，同远征的西北军会合。正在此时，盘踞在寿州已暗投清军的苗沛霖诱劝陈玉成前往寿州，结果中计遭擒，被送往清帅胜保营中。

陈玉成在敌人面前表现出坚贞不屈的英雄气概。1862年6月4日，陈玉成就义于河南延津，时年25岁。

■心灵物语

在战场上奋勇杀敌，在敌人面前毫无畏惧，年仅25岁的英王浩气冲天、义勇杀敌的形象永远都不会被人们遗忘！

■史海钩沉

天朝田亩制度

太平天国定都天京后，于1853年颁布《天朝田亩制度》。它是太平天

国的基本纲领，主要是土地改革制度，同时提及中央及地方政制，还涉及经济制度。其主要内容是：废除封建地主所有制，按人口和年龄平均分配土地。核心思想：无处不均匀，无人不饱暖。它是太平天国的革命纲领，反映了农民要求废除封建土地所有制的强烈愿望。但却没有真正实行过。从客观上讲，没有一个安定的环境保证实施分田方案；从主观上讲，平均分配土地与生产、生活资料统归圣库的规定都是空想，根本无法实施。

■文苑荟萃

洪秀全早期诗三首

其一

天下太平真日出，那般爝火敢争光！
高悬碧落烟云卷，远照尘寰鬼蜮藏。
东南西北群献曝，蛮夷戎狄尽倾阳。
重轮赫赫遮星月，独擅真明耀万方。

其二

手持三尺定山河，四海为家共饮和。
擒尽妖邪投地网，收残奸宄落天罗。
东南西北敦皇极，日月星辰奏凯歌。
虎啸龙吟光世界，太平一统乐如何。

其三

手握乾坤杀伐权，斩邪留正解民悬。
眼通西北江山外，声振东南日月边。
玺剑光荣承帝赐，诗章凭据诵爷前。
太平一统光世界，威风快乐万千年。